Siham Benhadoub
Hicham Medromim

Sécurité et Détection d'Intrusion à base des Systèmes Multiagent

Siham Benhadoub
Hicham Medromim

Sécurité et Détection d'Intrusion à base des Systèmes Multiagent

Nouvelle Approche Distribuée Temps Réel

Presses Académiques Francophones

Mentions légales / Imprint (applicable pour l'Allemagne seulement / only for Germany)
Information bibliographique publiée par la Deutsche Nationalbibliothek: La Deutsche Nationalbibliothek inscrit cette publication à la Deutsche Nationalbibliografie; des données bibliographiques détaillées sont disponibles sur internet à l'adresse http://dnb.d-nb.de.
Toutes marques et noms de produits mentionnés dans ce livre demeurent sous la protection des marques, des marques déposées et des brevets, et sont des marques ou des marques déposées de leurs détenteurs respectifs. L'utilisation des marques, noms de produits, noms communs, noms commerciaux, descriptions de produits, etc, même sans qu'ils soient mentionnés de façon particulière dans ce livre ne signifie en aucune façon que ces noms peuvent être utilisés sans restriction à l'égard de la législation pour la protection des marques et des marques déposées et pourraient donc être utilisés par quiconque.

Photo de la couverture: www.ingimage.com

Editeur: Presses Académiques Francophones est une marque déposée de
Südwestdeutscher Verlag für Hochschulschriften GmbH & Co. KG
Heinrich-Böcking-Str. 6-8, 66121 Sarrebruck, Allemagne
Téléphone +49 681 37 20 271-1, Fax +49 681 37 20 271-0
Email: info@presses-academiques.com

Produit en Allemagne:
Schaltungsdienst Lange o.H.G., Berlin
Books on Demand GmbH, Norderstedt
Reha GmbH, Saarbrücken
Amazon Distribution GmbH, Leipzig
ISBN: 978-3-8381-8830-0

Imprint (only for USA, GB)
Bibliographic information published by the Deutsche Nationalbibliothek: The Deutsche Nationalbibliothek lists this publication in the Deutsche Nationalbibliografie; detailed bibliographic data are available in the Internet at http://dnb.d-nb.de.
Any brand names and product names mentioned in this book are subject to trademark, brand or patent protection and are trademarks or registered trademarks of their respective holders. The use of brand names, product names, common names, trade names, product descriptions etc. even without a particular marking in this works is in no way to be construed to mean that such names may be regarded as unrestricted in respect of trademark and brand protection legislation and could thus be used by anyone.

Cover image: www.ingimage.com

Publisher: Presses Académiques Francophones is an imprint of the publishing house
Südwestdeutscher Verlag für Hochschulschriften GmbH & Co. KG
Heinrich-Böcking-Str. 6-8, 66121 Saarbrücken, Germany
Phone +49 681 37 20 271-1, Fax +49 681 37 20 271-0
Email: info@presses-academiques.com

Printed in the U.S.A.
Printed in the U.K. by (see last page)
ISBN: 978-3-8381-8830-0

Préface

Le développement des réseaux et systèmes informatiques a permis d'une part, de faciliter la communication et l'échange d'information et d'autre part, il a engendré des risques importants dans le domaine de la sécurité des systèmes d'information. Il est important de prendre des mesures adéquates afin de se protéger de ces menaces. Pareillement, les systèmes de détection d'intrusions sont appelés à s'adapter aux changements de comportement des utilisateurs et à l'évolution complexe des réseaux.

Ce travail a pour objectif la conception et la réalisation d'une plateforme de sécurité et détection d'intrusion capable de s'adapter à des environnements dynamiques liés aux changements du comportement des utilisateurs et à l'évolution complexe des réseaux. Cette plateforme proposée est constituée de deux analyseurs, le premier analyseur est constitué d'une solution matérielle sans système d'exploitation pour éviter les risques et pour éliminer les attaques fortes sans pertes d'informations et le second analyseur effectue une recherche plus approfondie pour éliminer les intrusions qui peuvent représenter de faibles menaces.

La première partie rend compte de nos recherches sur l'état de l'art de la sécurité et détection d'intrusion. Ces recherches nous ont permis d'étudier dans le détail la sécurité et la détection d'intrusion d'une manière générale et en particulier le mode de fonctionnement des différentes techniques de détections existantes et leurs limites. Des versions de ces techniques de protection sont proposées commercialement sous forme de propriétaire ou libre. Nous proposons de mener l'étude détaillée du fonctionnement et des règles utilisées dans le système de sécurité et de détection d'intrusion libre « Snort ».

La seconde partie, nous présentons notre nouvelle méthodologie distribuée temps réel de sécurité et détection d'intrusions fondée sur un nouveau modèle de détection constitué de deux analyseurs indépendants utilisant une nouvelle approche fonctionnelle. Cette approche est basée sur l'intelligence des Système Multi-Agent (SMA) pour réagir contre les attaques complexes.

La troisième partie concerne la conception d'une plateforme de sécurité et détection d'intrusion intelligente d'identification des besoins de sécurité utilisant une approche distribuée basée sur l'aspect multi-agent. L'utilisation de l'aspect multi-agent nous a permis l'exploitation d'un nouvel outil de modélisation orientée agent : Agent UML (AUML).

La dernière partie traite la réalisation de la plateforme de sécurité et détection d'intrusion. En premier lieu un simulateur a été réalisé, avec la distribution open source Java et Linux, traduisant les objectifs déjà fixés et visant à illustrer le fonctionnement de la plateforme. Ensuite, une réalisation d'une première version de la plateforme a été concrétisée pour les tests réels de la plateforme.

La plateforme réalisée comprend plusieurs niveaux matériel et logiciel. Le premier niveau de la plateforme de sécurité et détection d'intrusion se compose deux modules (matériel et logiciel).

Le premier module est un sniffer qui permet d'analyser les informations capturées. Le deuxième module est un microcontrôleur EZDSP qui effectue une analyse plus approfondie et un filtrage du flux. Le deuxième niveau est une combinaison de deux modules le premier développé en C++ qui joue le rôle d'un firewall et le deuxième en Java qui effectue une analyse plus approfondie du flux le traversant selon les règles définies au préalable dans la base de connaissance. Cette plateforme a été testée sur un réseau local et un réseau internet.

Preface

The development of networks and computer systems has enabled both to facilitate communication and exchange of information and secondly, it has created significant risks in the field of security of information systems. It is important to take adequate measures to protect themselves from these threats. Similarly, intrusion detection systems are known to adapt to changing user behavior and evolution of complex networks.

This work aims to design and implementing a platform of security and intrusion detection can adapt to dynamic environments related to changes in user behavior and complex evolution of networks. The proposed platform consists of two analyzers, the first analyzer consists of a hardware solution with no operating system to avoid risks and to eliminate the strong attacks without loss of information and the second searches for further eliminate intrusions may represent low threats.

The first part reports our research on the state of the art security and intrusion detection. This research allowed us to study in detail the security and intrusion detection in general and in particular the modus operandi of different detection techniques and their existing boundaries. Versions of these protection techniques are commercially available as proprietary or free. We choose to conduct a detailed study of the processes and rules used in the free security and intrusion detection system "Snort".

The second part, we present our new distributed real-time methodology of security and intrusion detection based on a new detection model consists of two independent analyzers using a new functional approach. This approach is based on the intelligence of Multi-Agent System (MAS) to react against complex attacks.

The third part concerns the design of intelligent platform of security and intrusion detection for identification of security requirements using a distributed approach based on multi-agent aspect. The use of multi-agent aspect allowed us to operate a new agent oriented modeling tool: Agent UML.

The last part deals with the implementation of security and intrusion detection platform. First, a simulator has been realized with the distribution open source Java and Linux, reflecting the goals already set and to illustrate the operation of the platform. Then, a first version of the platform has been realized for the real tests of the platform. The platform consists of several levels both hardware and software. The first level of security and intrusion detection platform comprises two parts (hardware and software). The first part is a sniffer which can analyze the captured information. The second part is a microcontroller eZdsp conducting further analysis and filtering the flow. The second level is a combination of two modules the first developed in C + +, which acts as a firewall and the second in Java making a deeper analysis of the flow crossing it under the rules defined in advance in the knowledge base.

Sommaire

Liste des figures

Liste des tableaux

Notations

SMA	Système multi-agent
OS	Système d'exploitation
IDS	Système de détection d'intrusion
N-IDS	Système de détection d'intrusion basé sur le réseau
H-IDS	Système de détection d'intrusion basé sur les hôtes
IPS	Système de prévention d'intrusion
N-IPS	Système de prévention d'intrusion basé sur le réseau
IP	Système de détection d'intrusion
TCP	Système de détection d'intrusion
UDP	Système de détection d'intrusion
DSP	Système de détection d'intrusion
UML	Langage de Modélisation Unifié
AUML	Langage de Modélisation Unifié d'Agent
IAD	Intelligence artificielle distribuée
IA	Intelligence artificielle
POO	Programmation Orientée Objet
POA	Programmation Orientée Agent

Introduction générale

Les systèmes d'informations sont maintenant accessibles à la plupart des individus et organismes. Ceux-ci utilisent largement les possibilités offertes par les systèmes de traitement de l'information et par l'interconnexion de ces systèmes au travers de réseaux informatiques permettant l'échange instantané de données. L'importance prise par les différents outils permettant l'échange et le traitement de l'information engendre une relative dépendance des individus et des organisations à l'égard de ces technologies. Aussi, la défaillance de ces systèmes peut avoir des conséquences graves au niveau économique, sanitaire, social, militaire, etc. La sécurité de ces systèmes devient alors une problématique essentielle tant pour les individus que pour les entreprises ou les états.

Le développement de la sécurité est aujourd'hui une véritable préoccupation des organismes avec le développement des réseaux et la dématérialisation des échanges d'information et de services. En effet, les effets d'une intrusion sur un réseau peuvent parfois s'avérer dévastateurs pour l'organisme concerné : atteinte à l'image, perte de recettes, perte de confiance, engagement de la responsabilité légale si le réseau attaqué est utilisé comme rebond pour attaquer un réseau tiers (pouvant donner lieu à des dommages et intérêts),... *Un exemple de chiffres : selon l'étude du CSI/FBI réalisée en 2005 aux Etats-Unis, 55% des entreprises et collectivités locales ont détecté des failles dans leur système de sécurité au cours des douze derniers mois. Ce qui a représenté, pour celles d'entre elles qui ont été capables de l'évaluer, un coût total de 130 Millions de Dollars en 2005* [1].

Une politique de sécurité préventive, complétée par des outils et des techniques de détection d'intrusion visant à surveiller les activités d'un réseau ou d'un système, à détecter en temps réel les usages anormaux des ressources informatiques, à journaliser ces événements, à analyser ces informations à la recherche de violation ou d'abus, à avertir en générant des alertes et parfois, à réagir contre une intrusion, doit être définie pour éliminer les vulnérabilités, contrer les attaques et garantir un niveau élevé de protection du réseau et des systèmes.

Les systèmes de détection d'intrusion (IDS) sont parmi les outils de sécurité les plus récents. Les systèmes de détection d'intrusions existants ont été conçus pour des environnements connus et bien définis et n'offrent pas une solution à certaines caractéristiques des réseaux telles que la variation des comportements des utilisateurs et des services offerts, la complexité et l'évolution croissantes des types d'attaques auxquels ils peuvent être sujets, la rapidité des attaques qui peuvent survenir simultanément sur plusieurs machines [2]. Ils ne sont pas adaptés à des environnements dynamiques.

Dans cette optique, cette thèse s'intéresse plus particulièrement à la sécurité des réseaux télécommunications d'une manière générale, les réseaux informatiques en particulier, plus exactement les systèmes de détection d'intrusions et vise à la conception et la réalisation d'un système de détection d'intrusions basé sur les systèmes multi-agents (SMA), répondant aux fonctionnalités de distribution, de coopération et d'adaptation aux changements de comportements des utilisateurs et des attaques. Ainsi ce mémoire se décompose en une introduction, cinq chapitres, une conclusion et des annexes.

Le premier chapitre rend compte de nos recherches sur l'état de l'art de la sécurité et détection d'intrusion. Tout d'abord, nous allons étudier dans le détail la sécurité et la détection d'intrusion d'une manière générale. Ensuite suivra une étude du mode de fonctionnement des différentes techniques de détections existantes et leurs limites.

Le deuxième chapitre décrit d'une part les différentes solutions de sécurité et détection d'intrusion proposées commercialement par différentes sociétés et organisations, sous forme de propriétaire ou libre. D'autre part, il présente l'étude détaillée du fonctionnement et des règles utilisées dans le système de sécurité et de détection d'intrusion libre « Snort ».

Le troisième chapitre présente une nouvelle méthodologie distribuée temps réel de sécurité et détection d'intrusions fondée sur un nouveau modèle de détection constitué de deux analyseurs indépendants utilisant une nouvelle approche fonctionnelle. Cette approche est basée sur l'intelligence des Système Multi-Agent (SMA) pour réagir contre les attaques complexes.

Le quatrième chapitre est dédié à la conception d'une plateforme de sécurité et détection d'intrusion intelligente d'identification des besoins de sécurité utilisant une approche distribuée basée sur l'aspect multi-agent. L'utilisation de l'aspect multi-agent nous a permis l'exploitation d'un nouvel outil de modélisation orientée agent : Agent UML.

Le cinquième chapitre traite la réalisation de la plateforme de sécurité et détection d'intrusion. En premier lieu un simulateur a été réalisé, avec la distribution open source Java et Linux, traduisant les objectifs déjà fixés et visant à illustrer le fonctionnement de la plateforme. Il simule l'échange d'information entre une source et une cible tout en traversant les différents niveaux de la plateforme de sécurité et détection d'intrusion. Ensuite, une réalisation d'une première version de la plateforme a été concrétisée pour les tests réels. La plateforme réalisée comprends plusieurs niveaux matériel et logiciel. Le premier niveau est la combinaison d'un sniffer qui permet d'effectuer une première analyse du flux capturé et un microcontrôleur eZDSP dont le rôle est le filtrage du flux reçu. Le deuxième niveau comprend deux modules : le premier joue le rôle d'un firewall et le deuxième effectue une analyse plus approfondie pour bloquer, détruire, afficher une alerte, journaliser les événements en cas d'intrusion ou laisser passer le flux selon un ensemble de règles et procédures définies dans la base de connaissance.

Les annexes comprennent la liste des publications dans le cadre de cette thèse, le texte du brevet déposé de la solution objet de cette thèse et les manuels d'utilisation de la plateforme de simulation et la plateforme de sécurité et détection d'intrusion.

CHAPITRE I

Etude sur les règles et les procédures de sécurité

I.I. Introduction

De plus en plus d'entreprises et de particuliers sont connectés aux réseaux.
Lorsque les réseaux ont été créés, le principal enjeu était de permettre des transmissions de données. Cet objectif a été atteint, mais au dépend de la sécurité des utilisateurs et des données.

Actuellement, cet enjeu est devenu primordial. En effet, de plus en plus des "pirates" scrutent le réseau afin de déceler d'éventuelles failles dans les systèmes qui leur permettraient, entre autres, de s'introduire dans ceux-ci, afin de détourner des informations ou même de l'argent.

Une intrusion est l'ensemble des actions qui ont pour but de compromettre l'intégrité, la confidentialité ou la disponibilité d'une ressource. Ces actions de franchissement d'un accès non-autorisé ou de manipulation d'une ressource, peuvent être menées par un individu externe n'ayant aucun privilège sur les ressources d'un système, ou par un individu interne qui outrepasse ses privilèges.

La détection d'intrusion consiste à identifier ces individus. Pour y arriver, il existe deux moyens généraux : les Firewalls et les IDS.
Les IDS (Intrusion Detection System) agissent en écoutant le trafic du réseau. Ils surveillent et analysent les activités d'un réseau et de ses hôtes afin de détecter toute activité anormale ou suspecte. Les IDS sont classés en deux catégories : les IDS basés sur le réseau (Network based IDS ou N-IDS) et les IDS basés sur les hôtes (Host based IDS ou H-IDS).
Enfin, les IPS (Intrusion Prevention System). A l'avantage des IDS, qui n'ont qu'un rôle de reconnaissance et de signalisation des intrusions, les IPS constituent un système de Prévention/Protection contre ces intrusions.

Nous présentons dans ce chapitre les travaux antérieurs relatifs à la sécurité et détection d'intrusion. Cette thèse propose un modèle et une implémentation d'un mécanisme de sécurité et de détection d'intrusion. Nous nous intéressons à un domaine particulier de la sécurité informatique : la détection d'intrusion. La détection des intrusions, c'est-à-dire des violations de la politique de sécurité. Ce domaine, présenté le long de ce chapitre, s'intéresse à la mise en œuvre des différents types de politique de sécurité, en exposant les diverses technologies de sécurité et détection d'intrusion, leurs fonctionnements et limites.

I.II. Sécurité informatique

Les réseaux d'information sont devenus un facteur essentiel du développement économique et social. Leur utilisation et leur interconnexion croissantes à travers des systèmes ouverts comme le réseau Internet comportent de nombreux avantages mais s'accompagne également de risques liés notamment à la cybercriminalité et aux virus informatiques.

La sécurité informatique a plusieurs objectifs, bien sûr liés aux types de menaces ainsi qu'aux types de ressources.

La sécurité informatique utilise un vocabulaire bien défini que nous utilisons dans notre travail de recherche. Il est nécessaire de définir certains termes [3]:

- Vulnérabilités : ce sont les failles de sécurité dans un ou plusieurs systèmes. Tout système vu dans sa globalité présente des vulnérabilités, qui peuvent être exploitables ou non.
- Attaques (exploits): elles représentent les moyens d'exploiter une vulnérabilité. Il peut y avoir plusieurs attaques pour une même vulnérabilité mais toutes les vulnérabilités ne sont pas exploitables.
- Les contre-mesures : ce sont les procédures ou techniques permettant de résoudre une vulnérabilité ou de contrer une attaque spécifique (auquel cas il peut exister d'autres attaques sur la même vulnérabilité).
- Menaces : ce sont des adversaires déterminés capables de monter une attaque exploitant une vulnérabilité.

La sécurité d'un réseau est un niveau de garantie que l'ensemble des machines du réseau fonctionnent de façon optimale et que les utilisateurs des dites machines possèdent uniquement les droits qui leur ont été octroyés [4].

Il peut s'agir :
- d'empêcher des personnes non autorisées d'agir sur le système de façon malveillante,
- d'empêcher les utilisateurs d'effectuer des opérations involontaires capables de nuire au système,
- de garantir la non-interruption d'un service.

D'un point de vue technique, la sécurité recouvre à la fois l'accès aux informations sur le poste de travail, sur les serveurs ainsi que le réseau de transport des données.

I.II.1. But des agresseurs

Le but des agresseurs est souvent de prendre le contrôle d'une machine afin de pouvoir réaliser les actions qu'ils désirent [5] [6]. Pour cela il existe différents types de moyens :

- Obtention d'informations utiles pour effectuer des attaques,
- Utilisation des failles d'un système,
- Utilisation de la force pour casser un système.

I.II.2. Types d'attaques

Les attaques peuvent à première vue être classées en 2 grandes catégories [6] :
- Attaques passives : consistent à écouter sans modifier les données ou le fonctionnement du réseau. Elles sont généralement indétectables mais une prévention est possible.
- Attaques actives : consistent à modifier des données ou des messages, à s'introduire dans des équipements réseau ou à perturber le bon fonctionnement de ce réseau. Une attaque active peut être exécutée sans la capacité d'écoute. De plus, il n'y a généralement pas de prévention possible pour ces attaques, bien qu'elles soient détectables (permettant ainsi une réponse adéquate).

Pour remédier aux failles et pour contrer les attaques, la sécurité informatique se base sur un certain nombre de services qui permettent de mettre en place une réponse appropriée à chaque menace.

Nous retrouvons actuellement trop souvent des architectures de sécurité orientées uniquement sur la prévention et la défense de périmètre. Il y a bien d'autres éléments qui doivent composer une architecture de sécurité. Toute architecture de sécurité doit reposer sur un triptyque tel que [7] :

- Prévention
- Détection
- Réaction

La connexion à l'Internet et l'utilisation de plus en plus intense des systèmes et applicatifs distribués et «communicants», offrent des possibilités nouvelles et prometteuses, elles introduisent également un certain nombre de risques. Il faut prendre conscience de ces risques, en mesurant les conséquences éventuelles, et en connaissance de cause prendre les mesures adéquates.

Nous devons assurer le bon fonctionnement des réseaux informatiques, si nous voulons garantir la communication et l'échange d'information. Un «Bon fonctionnement» signifie comme conditions :

1. Protection des systèmes et des données nominatives,
2. Fiabilité des logiciels et matériels,
3. Performance et disponibilité du service,
4. Bonne protection des informations stockées et échangées,
   - Intégrité d'une part,
   - Confidentialité d'autre part,
5. Bonne protection des accès aux systèmes,
   - Seules les personnes autorisées peuvent accéder,
6. Réelle confiance dans l'identité des «correspondants» avec lesquels on échange des informations:
   - Garantie d'authentification d'une part,
   - Et assurance de non «mascarade d'identité» d'autre part.

I.II.3. Synthèse

La sécurité d'un système repose sur l'identification des menaces potentielles, et de la connaissance et la prévision de la façon de procéder de l'agresseur du système d'information.

De nombreux moyens techniques peuvent être mis en œuvre pour assurer une sécurité du système d'information. Il convient de choisir les moyens nécessaires, suffisants, et justes. Parmi ces moyens, on trouve les outils de détection / prévention d'intrusions qui sont utilisés pour limiter les risques d'intrusions.

I.III. Règles et procédures de sécurité

Les systèmes de détection d'intrusions surveillent les événements survenant dans un système d'information, soit en écoutant les échanges sur le réseau, soit en surveillant le fonctionnement des applications sur les machines via les fichiers de logs et les appels systèmes [8].

Le module de détection d'intrusions permet de confronter un événement surveillé aux règles et procédures associées et transmet au module de gestion une alerte comportant des informations pertinentes et précises sur la nature de l'intrusion ou l'attaque.

Ainsi, le module de détection d'intrusions comporte un moyen de stockage permettant d'ajouter une nouvelle règle à l'ensemble des règles et procédures prédéterminées.

I.III.1. Politique de sécurité

La politique de sécurité d'un système est l'ensemble des lois, règles et pratiques qui mènent la façon dont l'information sensible et les autres ressources sont gérées, protégées et distribuées à l'intérieur d'un système qui spécifient les autorisations, interdictions et obligations des agents (notion incluant à la fois les utilisateurs et les applications pouvant accéder au système informatique) [9].

L'objectif de cette politique est la préservation et la sécurisation de l'intégralité du système informatique avec ses bases de données.

Les règles définies par la politique de sécurité concernent tout le processus du traitement et de consultation des informations, indépendamment des moyens de collecte et du traitement des données.

I.III.2. Fonctionnement et technologie des différents systèmes de détection d'intrusion

La détection d'intrusion a pour objectif de détecter toute violation de la politique de sécurité sur un système informatique ; Elle permet ainsi de signaler les attaques (en temps réel ou en différé) portant atteinte à la sécurité des systèmes.

Le déploiement des agents ou des capteurs, logiciels ou matériels, en des points clés du réseau se fait dans des points de détection et d'interceptions stratégiques, généralement, en périphérie ou sur les passerelles vers d'autres réseaux où le trafic d'information converge.

Les capteurs à distance envoient alors leurs rapports à une machine centrale qui gère les règles du système. Ils stockent les données dans un seul endroit afin de faciliter l'enregistrement, les alertes et l'élaboration de comptes-rendus. [10]

Les règles appliquées à l'analyseur ou détecteur d'intrusion permettent de créer et de déployer des stratégies de sécurité granulaires basées sur le trafic à analyser, sur les attaques à rechercher dans ce trafic et sur la réaction à adopter lorsqu'une attaque a été détectée.

I.III.2.1. Système de détection d'intrusion

Un IDS (Intrusion Detection System) est un mécanisme écoutant le trafic réseau de manière furtive afin de repérer des activités anormales ou suspectes et permettant ainsi d'avoir une action de prévention sur les risques d'intrusion. [11]

Il existe deux grandes familles distinctes d'IDS :

- ✓ Les N-IDS (Network Based Intrusion Detection System) et les N-IPS (Network Based Intrusion Prevention System) qui assurent la sécurité au niveau du réseau.
- ✓ Les H-IDS (Host Based Intrusion Detection System) qui assurent la sécurité au niveau des hôtes.

I.III.2.2. Architecture d'un IDS

Nous décrivons dans ce paragraphe les trois composants qui constituent classiquement un système de détection d'intrusions [12]. La figure I.1 illustre les interactions entre ces trois composants. Un capteur est chargé de collecter des informations sur l'évolution de l'état du système et de fournir une séquence d'événements qui traduit l'évolution de l'état du système. Un analyseur détermine si un sous-ensemble des événements produits par le capteur est caractéristique d'une activité malveillante. Un manager collecte les alertes produites par le capteur, les met en forme et les présente à l'opérateur. Éventuellement, le manager est chargé de la réaction à adopter.

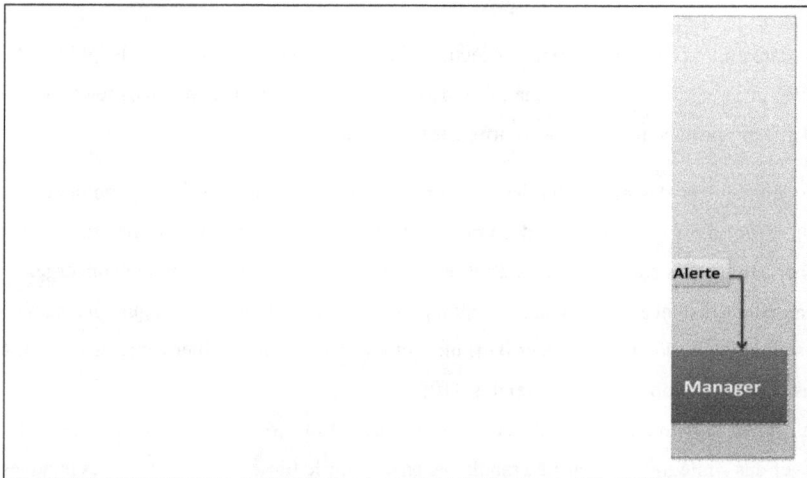

Fig I.1 : *Architecture classique d'un IDS*

I.III.2.3. N-IDS et N-IPS

Les N-IDS et N-IPS sont disponibles sous deux formats :

➔ Les logiciels : permettent à l'administrateur du réseau de l'installer sur l'OS. Ils sont faciles à installer, configurer et contrôler et aucune connaissance d'OS, autre que celui utilisé, n'est nécessaire pour l'utiliser. Cependant, cet OS est une grande distribution dont les failles sont connues des hackers. Il est plus vulnérable si les patchs ne sont pas régulièrement installés et que les modules inutilisés de l'OS sont conservés.

➔ Les appliances : sont des boîtes noires dédiées à coût élevé, connectées au réseau et implémentées d'un OS propriétaire, d'un firewall et des interfaces réseaux requises. Le système d'exploitation est propriétaire, sécurisé et peu connu des hackers. Au côté sécuritaire de l'appliance, il faut ajouter les meilleures performances obtenues à son usage : le Hardware et le logiciel ont été conçus spécifiquement pour cette utilisation.

I.III.2.3.1. Fonctionnement

I.III.2.3.1.1. N-IDS

Un N-IDS permet de surveiller un ou plusieurs liens d'un réseau (capture et analyse des paquets en transit). Il peut détecter des intrusions réseaux ou actes malveillants (DoS, Scan…). Il peut être placé à l'extérieur ou à l'intérieur selon la surveillance souhaitée : tentatives d'attaques sur le firewall, tentatives ayant traversées le firewall ou réalisées depuis l'intérieur du réseau [13].

Enfin, avec sa ou ses cartes d'interface réseau en mode promiscuous, qui n'ont pas d'adresses IP, ni de pile de protocole attaché, il peut écouter tout le trafic qui arrive à l'interface en restant invisible [14].

Son ou ses interfaces « furtives », permet au N-IDS de faire un examen de tous les paquets circulant sur cette liaison réseau. En cas de détection d'une communication douteuse, le N-IDS génère une alarme [14].

Le CIDF (Common Intrusion Detection Framework) est un modèle de description du mode de fonctionnement des IDS et IPS [15]. Ce modèle générique décrit les implémentations de systèmes de détection d'intrusion. On distingue 4 modules [15] [16]:

→ Générateur d'événements gère la remontée des informations venant d'une source de données : pour un réseau, on parle d'un sniffer. Il est fréquent d'appliquer un filtre sur les générateurs d'événements afin de filtrer l'information remontée.

→ Moteur d'analyse traite ces événements afin de lancer ou non des alarmes (logs) en utilisant les technologies de pattern matching ou heuristiques.

→ Système de stockage stocke ces logs en garantissant, si possible, leur intégrité et leur confidentialité (fichier à plat, base de données avec cluster...).

→ Le système de contre mesure (pour les IPS) est responsable de la mise en place de procédures de réaction à l'intrusion.

Les N-IDS sont aussi appelés IDS passifs puisque ce type de systèmes se contente d'informer l'administrateur système qu'une attaque a ou a eu lieu, et c'est à ce dernier de prendre les mesures adéquates pour assurer la sécurité du système.

Le principe de rendre compte après coup d'une intrusion, a vite évolué pour chercher des IDS capables de réagir en temps réel. Le constat des dégâts ne suffisait plus : il fallait réagir et pouvoir bloquer les trafics douteux détectés. Ces techniques de réponse impliquèrent les IDS actifs ou IPS [11].

I.III.2.3.1.2. N-IPS

Lors de la détection d'une attaque, le N-IPS réagit et modifie l'environnement du système attaqué. Cette modification peut être le blocage de certains flux, de certains ports ou l'isolation pure et simple de certains systèmes du réseau [17].

Le point sensible de ce genre de dispositif de prévention est qu'en cas de faux positif, c'est le trafic du système qui est directement affecté. Les erreurs doivent donc d'être les moins nombreuses possibles car elles ont un impact direct sur la disponibilité des systèmes (sécurité vs. disponibilité) [17].

En cas de détection de trafic dangereux lié à une intrusion potentielle, l'IPS bloque ce trafic comme un firewall [18]. Néanmoins, ce même trafic se déroulant dans une configuration non dangereuse (pas d'enchaînement spécifique de trafic signalant une intrusion) ne sera pas bloqué. Nous pourrons comparer un IPS à un firewall « intelligent », qui aurait des règles dynamiques.

I.III.2.3.2. Principales techniques de détection

Le trafic réseau est généralement constitué de datagrammes IP. Les N-IDS et N-IPS sont capables d'écouter, d'enregistrer et d'analyser ces paquets en les désassemblant. Les méthodes suivantes permettent alors un premier filtrage [19]:

→ Vérification de la pile protocolaire : beaucoup d'intrusions sont basées sur des violations de protocoles (IP, TCP, UDP ou ICMP). La vérification de la conformité des protocoles permet de détecter ce type d'attaque.

→ Vérification des protocoles applicatifs : d'autres attaques se basent sur l'utilisation des protocoles applicatifs (limites ou erreurs de ces protocoles). L'utilisation de ces protocoles est aussi contrôlée.

Ces techniques permettent la détection de différentes attaques sans demander de grosses ressources à l'IDS, permettant ainsi un premier filtrage avant des analyses plus complètes [19]. Parmi celles-ci on en distingue 2 principales : la recherche de correspondances sur une base de modèles (pattern matching) et la détection des anomalies (basé sur des anomalies ou heuristiques) :

→ La recherche de correspondances sur la base de modèles utilise une base de connaissance de signatures d'attaques connues. Lorsque qu'un paquet correspondant à un modèle (pattern) donné est découvert, une alarme est déclenchée [20].

→ A l'inverse, la détection des anomalies détermine un profil « *normal* » des trafics. Tout trafic s'écartant de cette norme est aussitôt signalé douteux. Cette technologie est difficile à implémenter : ce qui est normal pour une entreprise ne l'est pas pour une autre.

La majorité des systèmes de détection d'intrusions repose aujourd'hui sur la technologie de recherche de correspondances avec des modèles prédéfinis. La meilleure technique de détection pour des N-IDS et N-IPS serait un système utilisant le meilleur de chacune des techniques énoncées préalablement [19].

I.III.2.3.3. Limites et contournement de ces systèmes

Les N-IDS et N-IPS aient de nombreux avantages comme la détection simple des attaques réseaux, les sondes sont vulnérables. Comme elles captent tout le trafic, un ping flood réalisé sur une autre machine touchera les sondes N-IDS comme si l'attaque leur était directement envoyée [20]. Les DoS classiques seront donc très nocifs pour ces sondes. D'autres limitations existent [21]:

1) Le détecteur d'événement n'a pas la capacité d'observer tous les événements ;
2) Ce qu'il se passe sur les hôtes n'est pas observé par les agents ;
3) Les agents basés réseau ne peuvent pas observer du trafic réseau crypté ;
4) Les systèmes basés réseau actuels ne peuvent pas traiter le trafic réseau trop important ;
5) La segmentation des réseaux croissant rend plus difficile l'implémentation des agents réseaux puisqu'il en faudrait un par segment pour être pleinement efficace.
6) La technique de pattern matching peut entraîner un nombre important de faux positif et bloquer des communications non nuisibles (dans le cas d'un IPS) [22] voir entraîner des conséquences nuisibles au fonctionnement de l'entreprise.

La plus grosse limite des N-IDS est dépendante des signatures et des filtres d'attaque eux-mêmes. Enfin, le facteur humain et les limites liées à l'analyste. La principale limite se résume en quelles actions ou réactions doit entreprendre un analyste ou un responsable en cas d'alerte.

Ces limitations entraînent déjà des méthodes de contournements des IDS [14]:

1) La méthode par insertion : ajouter des données dans le flux analysé pour ne plus correspondre à une signature,
2) La méthode par élimination : rendre l'IDS inutilisable (DoS),
3) La méthode par substitution : échanger tout ou partie du contenu incriminable,
4) La méthode par fragmentation : fragmenter le contenu ou les opérations (cela empêche l'IDS de faire une analyse intègre d'une session en multipliant les sessions en successif ou en parallèle),
5) La méthode par distribution : répartir les sources,
6) La méthode par confusion : rendre le contenu incompréhensible ou inanalysable par l'IDS (chiffrement des flux, encapsulation de protocole, etc.).

I.III.2.4. H-IDS

I.III.2.4.1. Fonctionnement

Contrairement aux N-IDS et N-IPS, le H-IDS réside sur un hôte particulier et la gamme de logiciels couvre une grande partie des systèmes d'exploitation tels que Windows, Solaris, Linux, HP-UX, Aix, etc [23].

Le H-IDS se comporte comme un démon ou un service standard sur un serveur/système hôte. Traditionnellement, le H-IDS analyse des informations particulières dans les logs (syslogs, messages, lastlog, wtmp…) mais peut aussi capturer les paquets réseaux entrant/sortant de l'hôte pour y déceler des signaux d'intrusions (Déni de Services, Backdoors, chevaux de Troie, tentatives d'accès non autorisés, exécution de codes malicieux, attaques par débordement de buffers…) [24].

Les systèmes de détection d'intrusion sur hôte peuvent être classés dans deux catégories selon la provenance des données à examiner [25]:

→ Les H-IDS Basés Application : Les IDS de ce type reçoivent les données au niveau application, par exemple, des fichiers logs générés par les logiciels de gestion de bases de données, les serveurs web ou les firewalls. Cette technique souffre du fait que les vulnérabilités de la couche application peuvent agir sur l'intégrité de l'approche de détection Basée Application.

→ Les H-IDS Basés Hôte : Les IDS de ce type reçoivent les informations de l'activité du système surveillé. Ces informations sont parfois sous forme de traces d'audit du système d'exploitation, elles peuvent inclure aussi des logs système, d'autres logs générés par les processus du système d'exploitation, et les contenus des objets système non reflétés dans l'audit standard du système d'exploitation et les mécanismes de logging (comme les sockets ouvertes avec leur état et les numéros de ports associés…). Ces types d'IDS peuvent aussi utiliser les résultats retournés par un autre IDS de type Basé Application.

I.III.2.4.2. Principales techniques de détection

Le système de détection d'intrusions sur hôte (H-IDS) améliore la sécurité locale au niveau du système hôte dans le réseau par la surveillance automatique de chaque système hôte configuré à l'aide de signes d'intrusions inopinées et potentiellement néfastes [26].

Le système H-IDS surveille par exemple en permanence des signatures caractéristiques de défaillance de protection comme les intrusions de pirates informatiques ou les activités internes subversives. Il s'agit d'un fonctionnement similaire à l'analyse par « pattern matching ». Ils surveillent l'activité globale du système, que ce soit le lancement d'applications, de démons non autorisés ou l'accès, non autorisé, au réseau de certaines applications [27].

Une autre technique de détection est d'utiliser un fichier de configuration spécifiant la liste des fichiers et répertoires à surveiller. On va faire des tests d'intégrité sur ces fichiers/répertoires. La base de référence est générée à la première utilisation du produit (mode initialisation) [28]. Il est possible d'appliquer des tests d'intégrité spécifiques à chaque entrée du fichier de configuration ou à des dates précises ou régulières. Le mode vérification peut être lancé par un programme automatique.

Pendant l'exploitation, le logiciel utilise des filtres et compare les résultats avec la base de référence. Et si le checksum est différent de la base alors une alerte est envoyée à l'administrateur.

I.III.2.4.3. Limites et contournement de ce système

Les H-IDS présentent plusieurs avantages comme la surveillance des utilisateurs. Mais aussi surveiller les changements de comportement ou mauvais usage. Les H-IDS peuvent aussi surveiller des systèmes travaillant en environnement crypté et peuvent partager la charge de la gestion des hôtes dans de grands réseaux [29].

Les IDS présentent néanmoins des inconvénients comme le manque de vision des activités réseau ou l'utilisation de ressources importantes au niveau des systèmes. De plus, les vulnérabilités intrinsèques du système d'exploitation peuvent affecter les agents et les analyseurs du système H-IDS [30].

L'installation de H-IDS peut engendrer des coûts bien plus importants que d'autres systèmes du fait de la multiplication des systèmes de détection à utiliser et à administrer. Plus il y a de postes à surveiller, plus il y a de H-IDS à installer/administrer.

I.III.2.3. Synthèse

Pour éviter les inconvénients des N-IDS, N-IPS ou H-IDS, il est très intéressant de combiner ces différents systèmes. Chacun présente des inconvénients qui permettent leur contournement. Le manque d'information au niveau hôte des N-IDS et N-IPS et le coût d'installation/administration des H-IDS s'annulent par une bonne cohabitation de ces systèmes sur un réseau : il n'existe pas de système complet miracle, la sécurité optimum s'obtient donc grâce à l'association de plusieurs systèmes.

I.III.3. Maintenance de la politique de sécurité

Le système doit permettre d'effectuer la maintenance et la mise à jour périodique de la politique de détection d'intrusion de base programmée sur les capteurs gérés comme suit :
- Ajout, modification ou désactivation de fonctions de sécurité dans la politique de base ;
- Ajout, modification ou désactivation de règles/signatures dans la politique de base.

I.III.4. Méthodes utilisées

Les capteurs IDS déployés sur le réseau examinent les flux de données qui transitent à leur niveau, puis analysent le trafic et le comparent aux signatures contenues dans leurs bases de données. Lorsqu'une correspondance est trouvée, le système active et effectue les tâches définies par l'administrateur de sécurité : interrompre la connexion TCP, alerter l'équipe de sécurité ou stocker les informations dans un journal ou *log* en vue d'une analyse ultérieure [21] [25].

Il est également possible de déployer différents types de systèmes pour offrir au réseau plusieurs niveaux de sécurité.

I.IV. Conclusion

Nous avons vu que de nombreux systèmes permettent de renforcer la sécurité sur les réseaux. Que ce soit les N-IDS, qui contrôlent à travers leurs sondes, des points précis des réseaux, les HIDS, qui surveillent les intrusions directement au niveau des hôtes, ou même les

N-IPS qui ont la capacité de réagir lors de la détection d'activités dangereuses, aucun système ne constitue le remède miracle à la menace d'attaque informatique.

Du fait des limites inhérentes à chacun de ces systèmes ou des techniques connues de contournement de ces systèmes, nous avons vu que la meilleure protection sera constituée d'une combinaison de matériel et logiciel.

Dans le chapitre suivant, nous allons présenter les systèmes de protection proposés commercialement par différentes sociétés ou organisations, sous forme propriétaire ou libre.

CHAPITRE II

Solutions existantes de sécurité et détection d'intrusion

II.I. Introduction

Les systèmes de détection d'intrusion sont parmi les outils de sécurité les plus récents. Les systèmes de détection d'intrusion sont un mécanisme destiné à repérer des activités anormales ou suspectes sur la cible analysée (un réseau ou un hôte). Il permet ainsi d'avoir une action de prévention sur les risques d'intrusion et une connaissance sur les tentatives réussies comme échouées des intrusions.

Les IDS/IPS apportent un plus indéniable aux réseaux dans lesquels ils sont placés. Cependant, leurs limites ne permettent pas de garantir une sécurité à 100%, impossible à obtenir. L'évolution de ces outils permettra de combler ces lacunes en évitant les "faux positifs" pour les IDS et en affinant les restrictions d'accès pour les IPS [14].

Les systèmes de détection d'intrusions deviennent de plus en plus un dispositif essentiel pour garantir la sécurité des systèmes d'information. Dans ce chapitre, nous allons présenter des ces systèmes de protection proposés commercialement par différentes sociétés ou organisations, sous forme propriétaire ou libre. Nous continuons par une étude détaillée de l'IDS libre « Snort ».

II.II. Description des solutions existantes sur le marché

II.II.1. Intervenants

II.II.1.1. Solutions propriétaires

Nous constatons une grande quantité de distributeurs de solutions IDS/IPS. La plupart de ces solutions sont développées par les grandes entreprises de sécurités et au format d'appliance. Ces solutions sont complètes et peuvent être facilement mise en place dans un réseau, ce qui est vrai également pour les mises à jour.
Le format modulaire utilisé par celles-ci leur permet d'avoir plusieurs agents pour une interface centralisée.

Le tableau II.1 illustre quelques solutions commerciales existantes sur le marché.

Ces solutions sont particulièrement dispendieuses et leur fonctionnement obscur pour un administrateur qui souhaiterait l'optimiser pour son réseau.

Les solutions commerciales distribuées sous forme de logiciel ne sont pas disponibles pour l'ensemble des systèmes d'exploitation usuels. Si un administrateur souhaite pouvoir utiliser une solution logicielle moins coûteuse sur un système qu'il possède déjà et peu courant, il devra donc plutôt aller voir les solutions du domaine libre.

Distributeur	Nom du produit	Bande passante	Type de distribution	Technologies utilisées	Mise à jour	Remarques	Liens
Arkoon	*Appliance A10, A20, A50, A200, A500, A2000, A5000*		**Appliance (IPS)**	• Firewall Stateful • Décodage applicatif (contrôle de la conformité aux RFC des protocoles utilisés) • Signatures d'attaques**(650)**	Signée / authentifiée par canal sécurisé	• Profils d'utilisation (Apache, NT4,…) • Corrélation d'évènements pour éviter les faux positifs	http://www.arkoon.net
Cisco	*Cisco Secure IDS*	*IDS : de 80 à 1000mb/s*	**Appliance (IDS)**	• Signatures d'attaques • Détection d'activités non autorisées • Gestion centralisée	Signée / authentifiée par canal sécurisé	• Entièrement autonome • 2 modules : - les *sensors* observent le réseau - le *director* centralise les informations et contrôles • Peut stopper une communication • Communique avec les autres produits CISCO	http://www.cisco.com
Computer associates	*eTrust Intrusion Detection*		**Logiciel IPS**	Signatures d'attaques • Gestion centralisée • WEB filtering	Automatisée Règles pour mettre à jour l'ensemble du réseau	• Ne fonctionne que sur des OS Windows NT4 et suivants • Version d'évaluation disponible sur le site	http://www.ca.com
ISS	*Proventia*	*IDS: de 200 à 1200mb/s Sur 1 à 4segments IPS :*	**Appliance (IDS ou IPS)**	• Firewall Stateful • **100** protocoles testés (réseaux/applicatifs) • **1700** signatures d'attaques ; (IPS : **2500** signatures)	Automatisée (*sécurisée ? Authentifiée ?*)	• Protection serveur, réseau, poste de travail • IPS : peut fonctionner en actif, passif ou simulation (coupure sans blocage)	http://www.iss.net

Netscreen				• Gestion centralisée	
	Intrusion Detection and prevention	*de 100 à 1200mb/s Sur 1 à 4segments*			http://www.juniper.net
		De 20 à 1000mb/s	**Appliance (IPS)**	• Firewall Stateful • Détection d'anomalie de protocole • Signatures (+**500**) • Honeypots	Hebdomadaire, plus mises à jour urgentes (*sécurisée ? Authentifiée ?*)	• Utilisation d'honeypots
Symantec					
	Symantec Host IDS et Symantec ManHunt (réseaux)	*Jusqu'à 2Gb/s*	**Logiciel (IDS)**	• Détection et prévention en temps réel • Détection d'activité anormale	Signée / authentifiée par canal sécurisé	• Host : supporté par Windows NT 4, 2000, XP, Sun solaris 8 et 9	http://www.symantec.com

Tableau II.1 : Tableaux récapitulatifs des solutions existantes [31].

II.II.1.2. Solutions libres

L'ensemble des solutions libres est intéressant, surtout si on prend en compte qu'en se développant parallèlement, elles se complètent.

Cependant la première installation sera longue et en particulier les premiers paramétrages. Une fois cette première étape passée, la mise à jour et l'utilisation ne devraient pas être plus compliquée.

Le tableau II.2 illustre les différentes solutions libres existantes.

Distributeur	Nom du produit	Technologies utilisées	Mise à jour	Remarques	Lien
Prelude	**Prelude IDS** **NIDS :** **Prelude NIDS** **HIDS :** **Prelude LML**	• Décodage de code http et normalisation de code TELNET et FTP pour éviter les conflits de codage • Utilisation de signatures Snort • ARP spoof détection • IP defregmentation stack pour prévenir des tentatives de camouflage à l'aide de la fragmentation IP • Signatures d'attaques • Détection de connections à des ports différents trop nombreuses • En association avec **LibSafe** : surveillance des attaques de type Buffer Overflow	Update des signatures depuis différents sites (signés et authentifiés)	• Son installation modulaire le rend adaptable à n'importe quel réseau • Il est très compatible avec les signatures SNORT • Complexe à mettre en place la première fois • Plusieurs agents gérables depuis un manager (communication sécurisée) • Plusieurs managers peuvent être utilisés comme relay vers un manager central (ne signale que si + de X évènements arrive sur un sous réseau...) • Il existe des solutions libres pour le monitorer • Site Internet très complet avec beaucoup d'explications	http://www.prelude-ids.org
Snort (N-IDS)	**Snort +** **ACID**	• Détection d'erreurs couches 3 et 4 • Détection d'activités anormales • Signatures d'attaques	Update des signatures depuis différents sites (signés et authentifiés)	• Coût de mise en place très faible • Mise à jour non centralisée • Portable sur de très nombreux systèmes d'exploitation et il existe des solutions libres pour le monitorer (Acid, par ex.) • Grande portabilité	http://www.snort.org/ - Une société qui distribue une appliance basée sur SNORT: http://www.sourcefire.com/ - Les produits d'administration Open Source : ACID : http://www.andrew.cmu.edu/~rdanyliw/snort/snortacid.html IDSPM : www.activeworx.com/IDSPM - Les sites donnant les jeux de règles : www.activeworx.com/IDSPM/ et http://www.securityfocus.org/

Tableau II.2 : Tableaux récapitulatifs des solutions libres existantes [32].

II.III. Etude du système de détection d'intrusions libre « Snort »

II.III.1. Description

« Snort » est un NIDS / NIPS provenant du monde Open Source. C'est le système de détection d'intrusions le plus utilisé. Sa version commerciale, plus complète en fonctions de monitoring, lui a donné bonne réputation auprès des entreprises.

« Snort » est capable d'effectuer une analyse du trafic réseau en temps réel et est doté de différentes technologies de détection d'intrusions telles que l'analyse protocolaire et le pattern matching. *« Snort »* peut détecter de nombreux types d'attaques : buffer overflows, scans de ports furtifs, attaques CGI, sondes SMB, tentatives de fingerprinting de système d'exploitation, ...etc.

« Snort » est doté d'un langage de règles permettant de décrire le trafic qui doit être accepté ou collecté. De plus, son moteur de détection utilise une architecture modulaire de plugins.

« Snort » dispose de trois modes de fonctionnement : sniffer de paquets, logger de paquets et système de détection/prévention d'intrusions. Nous ne nous intéresserons qu'à ce dernier mode.

II.III.2. Fonctionnement des règles de Snort

Les règles de *« Snort »* sont décrites dans un langage simple et suivent le schéma suivant :

➢ **L'en-tête de règle** qui contient :
- l'action de la règle (la réaction de snort);
- le protocole qui est utilisé pour la transmission des données (snort en considère trois: TCP, UDP et ICMP);
- les adresses IP source et destination et leur masque;
- les ports source et destination sur lesquels il faudra vérifier les paquets.

➢ **Les options de la règle (entre parenthèses) qui contiennent :**
- le message d'alerte;
- les conditions qui déterminent l'envoi de l'alerte en fonction du paquet inspecté.

L'exemple de règle suivant est simple et permet de détecter les tentatives de login sous l'utilisateur root, pour le protocole ftp (port 21) :

```
alert tcp any any -> 192.168.1.0/24 21 (content: "USER root"; nocase; msg: "Tentative d'accès au FTP
pour l'utilisateur root";)
```

Les messages en direction de cette plage d'adresses IP effectuant une tentative de login root ("USER root" contenu dans le paquet) auront pour conséquence la génération de l'alerte "Tentative d'accès au FTP pour l'utilisateur root".

Ainsi, il s'agit de renseigner ces variables par les champs que l'on pourrait trouver dans les paquets propres aux intrusions tels que les "shell code" que les "exploits" utilisent afin d'insérer des instructions malicieuses dans des programmes sujets aux "buffer overflows". Ainsi, ils obtiennent des accès privilégiés sur la machine et peuvent en prendre le contrôle.

Enormément d'options sont disponibles afin d'affiner au mieux l'identification des paquets véhiculés dans le réseau.

II.III.3. Réaction de « Snort »

Les alertes émises par snort peuvent être de différentes natures. Par exemple, on peut spécifier à snort de rediriger l'intégralité des alarmes sur la sortie standard et ainsi observer l'évolution des attaques. Cependant, ceci nécessite une présence attentive devant un écran.

« Snort » ne permet pas d'envoyer de mail directement, étant donné son rôle premier de sniffer qui est gourmand en ressources. L'envoi de mail d'alerte ralentirait snort d'une telle manière que beaucoup de paquets seraient "droppés" (éjectés). Qu'à cela ne tienne, Snort a été conçu pour interagir facilement avec le deamon syslogd afin que ce dernier génère les futurs logs qui peuvent être instantanément parés par d'autres applications telles que "logsurfer" ou encore "swatch" respectivement.

Ces derniers permettent d'envoyer un mail avec les logs attachés en pièces jointes, et donc aussi des SMS, si l'entreprise dispose d'un tel serveur.

« Snort » est aussi capable d'adopter des comportements visant à interdire l'accès à certaines adresses IP, dans le cas où ces dernières auraient tenté de pénétrer le réseau. L'IDS peut alors interagir avec le firewall afin qu'il mette à jour ses règles d'accès pour empêcher tout contact avec l'éventuel pirate.

Cependant, on doit se méfier de cette possibilité puisqu'en cas de mauvaise configuration, elle peut facilement entrainer la coupure totale du réseau. Il convient alors d'utiliser une solution robuste, telle que "snortsam" [33].

A partir de cette étude, nous avons défini les informations qui devraient être récupérées en cas d'intrusion, comme suit :

- Date et heure de l'intrusion,
- Nom ou adresse du système visé ou affecté,
- Emplacement du système visé,
- Système d'exploitation du système visé,
- Type du système visé (poste de travail, serveur de messagerie, etc),
- Type d'intrusion (données compromis, incident virus, attaque de déni de service, etc),
- Comment l'intrusion a été découverte,
- Effet de l'intrusion,
- Comment l'intrusion a eu lieu,
- Comment l'intrusion a été traitée,
- Mesures prises pour éviter le même type d'intrusion de nouveau,
- Qui a été informé de l'intrusion,
- Temps passé pour réagir à l'intrusion.

II.IV. Conclusion

Nous avons examiné les différentes techniques utilisées dans les IDS et IPS, ainsi que les solutions commerciales existantes. Comme tous outils techniques, les IDS et les IPS ont des limites que seule une analyse humaine peut compenser. A ce jour, aucun outil, par exemple ISS, ne permet pas de remplacer l'être humain dans un test d'intrusion. La détection d'abus fonctionne plus ou moins correctement dans le cas de « Snort » par exemple mais la détection d'anomalie n'est pas encore fiable.

Dans le chapitre suivant, nous proposons une nouvelle méthodologie distribuée temps réel de sécurité et détection d'intrusion.

Cette nouvelle méthodologie est constituée par une partie matérielle (hard) et une partie logicielle (soft). Elle exploite les différentes règles et procédures pour, d'une part, contrôler les entrées/sorties de la cible analysée et éliminer les intrusions fortes, et d'autre part, pour effectuer un examen plus approfondi sur les intrusions qui peuvent représenter de faibles menaces.

CHAPITRE III

Nouvelle méthodologie distribuée temps réel de sécurité et détection d'intrusion

III.I. Introduction

Les systèmes temps réel et distribués posent des problèmes complexes en termes de conception d'architecture et de description de comportements. Ces architectures et systèmes sont avant tout conçus pour répondre aux exigences de qualité de service des applications telles que la sécurité, la fiabilité, la disponibilité, l'extensibilité ou le temps de réponse.

Le système de détection d'intrusions proposé permet la collecte, la consolidation et l'analyse d'informations sur les intrusions, ainsi que l'analyse des structures de comportement et d'utilisation des outils informatiques.

Dans ce chapitre, nous nous intéresserons plus particulièrement à la conception et la mise en œuvre d'une nouvelle méthodologie distribuée temps réel de sécurité, détection d'intrusion basée sur les systèmes multi-agents à deux niveaux.

De la même manière que les systèmes de détection d'intrusions libres, nous développons des règles et procédures pour notre système de détection d'intrusions qui permettent à la fois de reconnaître les événements suspicieux et de réagir pour les bloquer.

Egalement, pour les événements ou attaques non connus par le système nous travaillons sur le développement d'une interface qui va permettre à l'administrateur de sécurité d'ajouter directement d'autres règles en respectant bien sûr, la méthode conçue pour alimenter la base de données qui contiennent ces règles.

Par la suite, nous pouvons voir la possibilité d'intégrer à notre système la base des règles du logiciel SNORT pour faire bénéficier notre système de la base de signatures de détection des attaques la plus riche et la plus complète et de renforcer la sécurité de notre système de détection d'intrusions.

III.II. Approche multi-agents

Au début des années 70, parallèlement à l'Intelligence Artificielle (IA) classique, de nouveaux systèmes et problèmes concernant l'étude des comportements collectifs ont été développés donnant naissance à une nouvelle branche de l'IA nommée l'Intelligence Artificielle Distribuée (IAD) [34] [35] [36] [37].

L'intérêt principal de l'IAD est de remédier aux insuffisances de l'IA classique, en proposant de distribuer l'expertise sur un groupe d'agents capables de travailler et d'agir dans un environnement commun et de résoudre les éventuels conflits. L'activité coopérative entre agents fait apparaître de nouvelles notions telles que la coopération, la coordination d'actions, la négociation et l'émergence [38].

Les systèmes multi-agents (SMA) constituent un des axes de l'IAD, ses systèmes permettent de faire coopérer un ensemble d'agents dotés d'un comportement intelligent et de coordonner leurs buts et leurs plans d'actions pour résoudre un problème.

III.II.1. Agent

III.II.1.1. Quelques définitions

La définition du concept agent est une tâche assez complexe dans la mesure où ce terme est largement utilisé dans différents domaines de recherche et de développement. Pour cela nous avons sélectionné quelques définitions que nous avons jugées assez simples.

Fig III.1 : Aperçu externe et général d'un agent [39]

- Un agent est une entité logicielle ou physique à qui est attribuée une certaine mission qu'elle est capable d'accomplir de manière autonome et en coopération avec d'autres agents [40].

- Selon J. Ferber [37] [41], un agent est une entité physique ou virtuelle capable d'agir dans un environnement qui peut communiquer directement avec d'autres agents, mue par un ensemble de tendances (autonomie), qui possède des ressources propres, capable de percevoir son environnement, qui possède des compétences et offres des services, qui peut éventuellement se reproduire, dont le comportement tend à satisfaire ses objectifs, en tenant compte des ressources et des compétences dont elle dispose, et en fonction de sa perception, de ses représentations et des communications qu'elle reçoit.

- Un agent possède tout ou partie de ces fonctionnalités. [42]

- Jennings, Sycara et Wooldridge [43] ont proposé la définition suivante pour un agent :

Un agent est un système informatique, situé dans un environnement, et qui agit d'une façon autonome et flexible pour atteindre les objectifs pour lesquels il a été conçu.

Les notions "situé", "autonome" et "flexible" sont définies comme suit :

→ Situé : l'agent est capable d'agir sur son environnement à partir des entrées sensorielles qu'il reçoit de ce même environnement.

→ Autonome : l'agent est capable d'agir sans l'intervention d'un tiers (humain ou agent) et contrôle ses propres actions ainsi que son état interne;

→ Flexible : l'agent dans ce cas est :

    * capable de répondre à temps : l'agent doit être capable de percevoir son environnement et d'élaborer une réponse dans les temps requis ;

    * proactif : l'agent doit exhiber un comportement proactif et opportuniste, tout en étant capable de prendre l'initiative au "bon" moment;

    * social : l'agent doit être capable d'interagir avec les autres agents (logiciels et humains) quand la situation l'exige afin de compléter ses tâches ou aider ces agents à accomplir les leurs.

III.II.1.2. Modèle d'agent

Un agent est principalement caractérisé par :

- Son rôle ;
- Ses compétences ;
- Ses buts et ses intentions ;
- Ses croyances ;
- Ses capacités décisionnelles ;
- Ses capacités communicatives ;
- Ses capacités d'apprentissage.

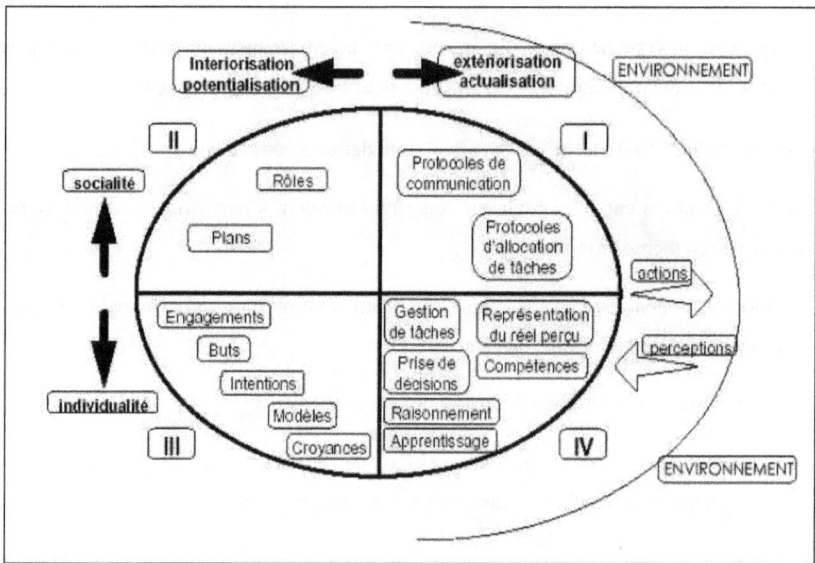

Fig III.2 : Modèle d'agent [44]

III.II.1.2. Structure d'agent

On distingue deux types d'agents : les agents cognitifs et les agents réactifs. Suivant le type d'agents que l'on trouvera dans un système multi-agents, on parlera de systèmes cognitifs ou de systèmes réactifs. Cependant, il est possible de combiner les deux types d'agents pour obtenir des agents hybrides bénéficiant des avantages de chaque type.

III.II.1.2.1. Agent cognitif

Un agent cognitif dispose d'une capacité de raisonnement sur une base de connaissance et d'une aptitude à traiter des informations notamment celles relatives à la gestion des interactions avec les autres agents et son environnement [45], ce qui lui permet d'effectuer seul des opérations complexes. On dit que ce type d'agents est de forte granularité. La granularité représente le degré de détail des connaissances de l'agent. Elle exprime la complexité des fonctionnalités de l'agent.

Un agent cognitif peut avoir les caractéristiques suivantes [46] [47] [48] :

a. Intentionnalité : Une intention est la déclaration explicite des buts et des moyens d'y parvenir [49] [50]. Un agent est dit intentionnel lorsqu'il est guidé par ses buts. En fait, l'intentionnalité d'un agent révèle sa volonté d'atteindre un but ou d'effectuer une action. La notion d'objectif est parfois utilisée pour exprimer la notion d'intentionnalité [51].

b. Rationalité : Principe de rationalité [52] : « Si un agent sait qu'une de ses actions lui permet d'atteindre un de ses buts, il la sélectionne ». Un agent est dit rationnel lorsqu'il suit le principe de rationalité. Les agents rationnels sont capables de sélectionner les meilleures actions permettant d'atteindre leurs buts selon des critères d'évaluation de leurs actions, ce qui justifie leurs décisions. De plus, la rationalité permet l'utilisation efficace des ressources par l'agent.

c. Engagement : La notion d'engagement est une des caractéristiques essentielles de l'agent coopératif. Un agent coopératif construit un plan pour atteindre un but, et s'engage à accomplir les actions qui satisfont ses buts en se donnant les moyens nécessaires pour y parvenir. Sa particularité réside dans le fait qu'il planifie ses actions par coordination et négociation avec les autres agents.

d. Adaptabilité : Un agent est dit adaptatif lorsqu'il est capable de contrôler ses aptitudes selon les agents avec lesquels il interagit. Cette caractéristique confère à l'agent un haut degré de flexibilité.

e. Intelligence : On dit qu'un agent est intelligent lorsqu'il s'agit d'un agent cognitif qui est intentionnel, rationnel et adaptatif.

III.II.1.2.1.1. Structure d'un agent cognitif

Un agent cognitif se distingue par : son savoir-faire, ses croyances, sa connaissance de contrôle, son expertise et sa connaissance de communication.

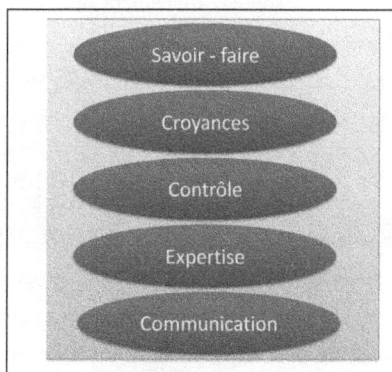

Fig III.3 : Structure interne d'un agent

✓ **Savoir-faire :** le savoir-faire est une interface dans laquelle se trouve la déclaration des connaissances et des compétences d'un agent. Grâce à cette interface, la sélection des agents à solliciter pour une tâche donnée est facilitée.

✓ **Croyances :** on dit qu'un agent possède des croyances dans la mesure où les connaissances qu'il possède sur lui-même et sur son environnement ne sont pas forcément objectives. La formalisation de ces connaissances incertaines est à la base de la conception d'un « SMA », du fait qu'elle détermine en grande partie le comportement « intelligent » des agents.

✓ **Contrôle :** la connaissance de contrôle d'un agent représente ses buts, ses intentions, ses plans et ses tâches.

✓ **Communication :** afin de pouvoir interagir avec d'autres agents, l'agent doit posséder un protocole de communication afin d'assurer une bonne coopération et une bonne coordination des actions.

III.II.1.2.1.2. Fonctionnement d'un agent cognitif

Les agents sont immergés dans un environnement dans lequel ils interagissent. Les fonctions principales d'un agent sont :

1. percevoir

2. décider

3. agir

L'agent dispose de connaissances, de croyances et de buts. Sa fonction de perception lui permet d'acquérir des connaissances sur l'environnement qui l'entoure, et de mettre à jour ses croyances et ses connaissances. Suite à une perception, l'agent procède à la planification de ses actions mais pour cela il doit d'abord décider quel est le but qu'il doit atteindre en priorité. Viendra ensuite la phase d'exécution du plan d'action, c'est-à-dire l'agent va agir.

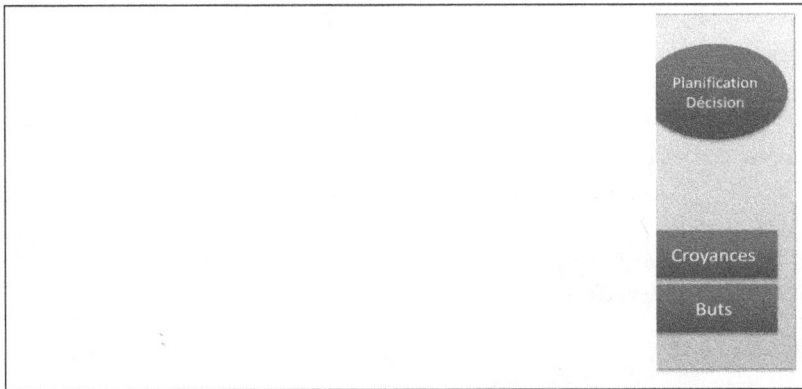

Fig III.4 : Architecture fonctionnelle d'un agent cognitif

III.II.1.2.2. Agent réactif

Les agents réactifs répondent au principe « stimulus/action », ce sont des agents à faible granularité. Ce type d'agents ne dispose que d'un protocole et d'un langage de communication réduits, afin de leur permettre de percevoir les stimuli provenant de leur environnement et de répondre à ces derniers par des actions.

Contrairement à ce qu'on croit, les agents réactifs peuvent faire émerger des comportements qui correspondent à leurs buts. En fait, même si les agents d'un SMA ne sont pas « intelligents », ils peuvent engendrer un comportement global intelligent.

A l'origine, cette approche réactive a résulté de travaux, réalisés au MIT par Brooks [53], montrant l'efficacité de l'utilisation de plusieurs milliers de micro-robots identiques travaillant ensemble sur une tâche plutôt qu'un seul gros robot. D'autres travaux ont été développés, comme ceux d'une équipe de l'université de Bruxelles qui a développé des sociétés de micro-robots utilisés en milieu hostile ou au recueil d'échantillons sur d'autres planètes [54]. Ces micro-robots sont capables de se débrouiller en s'adaptant à l'environnement dans lequel ils se trouvent, et en coordonnant leurs actions pour atteindre leurs buts, tout en assurant le relais lorsque l'un d'eux tombe en panne.

III.II.1.2.2.1. Structure d'un agent réactif

Un agent réactif peut être modélisé par un simple objet doté d'un comportement et d'un moyen de communication avec les autres agents. Il n'a pas de connaissance sur les autres, de capacité de raisonner sur les messages qu'il reçoit, ou de développer des stratégies de contrôle.

Un agent réactif est plus centré sur le comportement que sur la connaissance. En fait, un agent réactif n'a pas de représentation explicite des compétences et des rôles des autres agents. Ses connaissances se limitent aux relations de dépendance qu'il a avec les autres agents.

III.II.1.2.2.2. Fonctionnement d'un agent réactif

Un agent réactif fonctionne selon le principe stimulus/action. Il perçoit les événements provenant de son environnement grâce à sa capacité de perception. Ces connaissances sont représentées par un ensemble de relations « condition-action », où une condition représente un événement. Ensuite, l'agent réactif agit en fonction de ces connaissances en prenant la décision d'une action, puis il exécute cette action.

Fig III.5 : Fonctionnement d'un agent réactif

III.II.1.2.3. Agent hybride

A partir de leurs définitions, on peut facilement distinguer un agent cognitif d'un agent réactif. Mais dans la littérature la confusion existe, par exemple, un agent qui adapte son plan en temps réel suivant les changements de l'environnement est de type réactif [55], alors que la notion de "plan" est plutôt utilisée dans l'approche cognitive [56].

Afin de déterminer le type d'agent à utiliser, Ferber propose de déterminer d'abord la relation entre l'agent et son environnement en essayant de savoir le type de représentation du monde qui l'entoure : si la représentation est sub-symbolique, c'est-à-dire basée sur ses capacités sensori-motrices, on parlera d'agent réactif ; par contre, si la représentation est symbolique et explicite et lui permet de raisonner on parlera d'agent cognitif.

Dans le cadre de la Vie Artificielle, on remarque que : les animaux sont le plus souvent modélisés comme des agents réactifs car leurs comportements est à base d'instinct ; par contre, les humains sont plutôt considérées comme des agents cognitifs étant donné que leur capacité à raisonner prime sur leur partie instinctive [56].

Pour modéliser certains systèmes, nous avons parfois besoin d'agents hybrides. Les agents hybrides sont une combinaison des deux types d'agents qui permet de maximiser les forces et de minimiser les faiblesses de chaque approche (cognitive et réactive).

III.II.1.2.3. Comparatif entre agent cognitif et agent réactif

Les systèmes d'agents cognitifs sont basés sur la coopération entre un petit nombre d'agents.

La résolution des problèmes se fait grâce aux compétences de chaque agent, et par la capacité des agents à coordonner leurs actions ainsi qu'à coopérer entre eux. Les agents utilisés dans ces systèmes sont complexes du fait de leur forte granularité.

Les systèmes d'agents réactifs sont eux basés sur la coopération entre un grand nombre d'agents de faible granularité. Ces systèmes fonctionnent selon des mécanismes simples de réactions aux événements (stimulus/action) pouvant faire émerger des comportements correspondant aux objectifs poursuivis.

Dans le tableau qui suit, nous présentons les principales différences qui existent entre les systèmes d'agents cognitifs et les systèmes d'agents réactifs.

Systèmes d'agents cognitifs	Systèmes d'agents réactifs
Représentation explicite de l'environnement	Pas de représentation explicite de l'environnement
Agents complexes	Fonctionnement stimulus/action
Petit nombre d'agents	Grand nombre d'agents
Prise en compte des actions passées	Pas de mémoire des actions passées

Tableau III.1 : Comparatif entre Agents cognitifs et Agents réactifs [57].

III.II.2. Systèmes multi-agents

III.II.2.1. Définition d'un SMA

Un système multi-agent est « un ensemble d'entités qui coordonnent leurs connaissances, buts, expériences et plans pour agir ou résoudre des problèmes, incluant le problème de la coordination inter-agent lui-même» [34] ou encore « un monde artificiel peuplé de processus inter-agissants est appelé système multi-agents » [58].

Un système multi-agent est un ensemble d'agents qui interagissent entre eux pour résoudre un problème dont le comportement global est intelligent [60] [61].

Le comportement du système est la résultante des interactions entre les comportements individuels des agents.

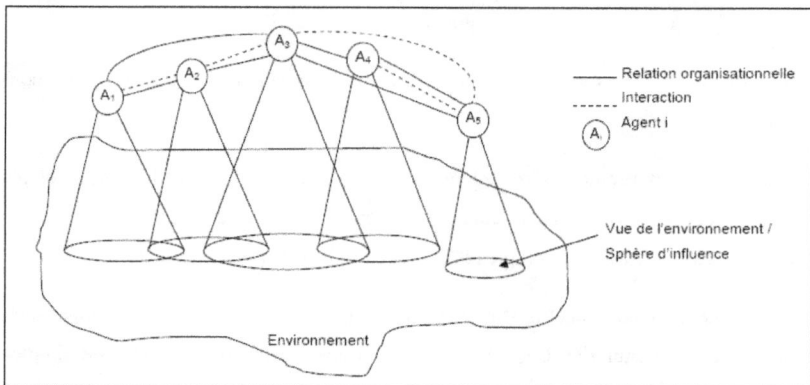

Fig III.6 : Vue canonique d'un sma [59]

Jacques Ferber définit un système multi-agents comme suit [41]:

"On appelle système multi-agents (ou SMA) un système composé des éléments suivants :

1. Un environnement E, c'est à dire un espace disposant généralement d'une métrique.

2. Un ensemble d'objets O. Ces objets sont situés, c'est à dire que, pour tout objet, il est possible à un moment donné d'associer une position dans E. Ces objets sont passifs, c'est à dire qu'ils peuvent être perçus, crées, détruits et modifiés par les agents.

3. Un ensemble A d'agents, qui sont des objets particuliers, lesquels représentent les entités actives du système.

4. Un ensemble de relations R qui unissent des objets (agents) entre eux.

5. Un ensemble d'opérations Op permettant aux agents de A de percevoir, produire, consommer, transformer et manipuler des objets de O.

6. Des opérateurs chargés de représenter l'application de ces opérations et la réaction du monde à cette tentative de modification, que l'on appellera les lois de l'univers."

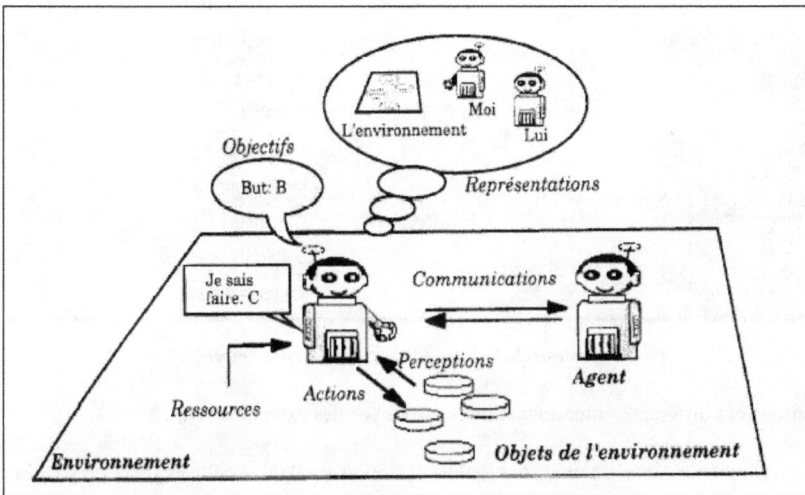

Fig III.7 : Système multi-agent

III.II.2.2. Interactions dans Système Multi-agents

Les interactions, dans un système SMA, proviennent de la mise en relation de plusieurs agents par le biais d'un ensemble d'actions réciproques.

Il existe plusieurs types d'interactions, qui dépendent de trois Paramètres qui sont les buts, les ressources et les compétences comme l'illustre le tableau ci-dessous tiré de 'ouvrage de Jaques Ferber [41].

Buts	Ressources	Compétences	Type de situation	Catégorie
Compatibles	Suffisantes	Suffisantes	Indépendance	Indifférence
		Insuffisantes	Collaboration simple	Coopération
	Insuffisantes	Suffisantes	Encombrement	
		Insuffisantes	Collaboration coordonnée	
Incompatibles	Suffisantes	Suffisantes	Compétition individuelle pure	Antagonisme
		Insuffisantes	Compétition collective pure	
	Insuffisantes	Suffisantes	Conflits individuels pour les ressources	
		Insuffisantes	Conflits collectifs pour les ressources	

Tableau III.2 : Type d'interactions d'après Ferber

Illustrons ces différentes situations d'interactions par des exemples [62] :

- L'indépendance est une situation d'interaction similaire à celle de deux personnes qui se rencontrent dans une rue assez large pour qu'elles puissent passer en même temps.
- Le cas d'une société de robots autonomes peut illustrer la collaboration ordonnée.
- Les conflits individuels pour les ressources sont représentables par le cas d'animaux se battant pour leur territoire.
- Pour illustrer l'encombrement on peut prendre l'exemple du trafic aérien.
- La course à pied illustre bien une compétition individuelle pure.

- Une épreuve tel que le relais 4*100m illustre la compétition collective pure car les équipes ne se gênent pas.

III.III. Approche distribuée temps réel

III.III.1. Systèmes distribués

Un système informatique distribué est une collection de postes ou calculateurs autonomes qui sont connectés à l'aide d'un réseau de communication. Une propriété importante des systèmes distribués est que la distribution est généralement cachée pour l'utilisateur et les programmeurs de l'application. Il préfère voir l'ensemble comme un seul et unique système et ainsi cacher la complexité de la distribution le plus possible et augmenter la transparence du système distribué. Cela permet de développer le plus possible les applications de la même façon que les systèmes centralisés.

Un système distribué est généralement séparable en plusieurs composantes entièrement autonomes. Il n'existe pas de composante maître qui gère les autres et chacune est donc responsable de son propre fonctionnement. L'autonomie des composantes fait que les systèmes sont exécutés simultanément (programmation concurrente). De plus, contrairement au système centralisé, les systèmes distribués possèdent plusieurs points de défaillances (problème de composantes, réseau, trafics, etc.).

III.III.1.1. Définition

Un système distribué est un ensemble de machines indépendantes agissant du point de vue de ces utilisateurs comme un seul et unique système cohérent [63].

Un système informatique distribué est non seulement composé de plusieurs machines indépendantes les unes des autres mais en plus, les utilisateurs du système interagissent avec lui comme s'il s'agissait d'une seule et unique entité. Le concept de système distribué s'oppose au concept de système centralisé.

Dans un système informatique distribué plusieurs machines indépendantes, pouvant être éparpillées sur plusieurs lieux interagissent pour fournir les services. La caractéristique la plus importante d'un système distribué est que l'utilisateur ne doit avoir aucune idée du fonctionnement interne du système, du fait même qu'il est géré par plusieurs machines.

Un système distribué est aussi un système qui s'adapte facilement à la charge. Le fait d'avoir plusieurs composants permet de facilement d'en ajouter de nouveaux ou alors remplacer un des composants sans avoir à repenser tout le système.

III.III.1.2. Utilités

La conception et la gestion d'un système distribué sont complexes. Si les systèmes distribués sont de plus en plus répandus, c'est parce qu'ils offrent de nombreux avantages par rapport aux systèmes centralisés [63].

✓ Robustesse : Dans un système distribué, plusieurs machines travaillent ensemble pour fournir un service ce qui confère au service une meilleure robustesse comparé à un système centralisé

✓ Puissance : L'un des avantages qu'offrent les systèmes distribués est la possibilité d'augmenter la vitesse d'exécution des taches. L'idée est de combiner la puissance de plusieurs machines. C'est une des applications les plus utilisé aujourd'hui dans les domaines de recherche nécessitant énormément de ressources comme la modélisation du climat. La possibilité de combiner la puissance de plusieurs machines est très avantageuse.

En effet, non seulement les plus puissants ordinateurs actuels sont extrêmement chers, mais en plus, ils n'ont pas la puissance nécessaire pour exécuter les calculs en des temps raisonnables. Combiner la puissance de plusieurs machines de puissance moyenne revient bien moins cher et l'ajout de nouveaux membres (de nœuds) augmente la puissance globale du système et donc la rapidité d'exécution.

III.III.1.3. Design des systèmes distribués

La lecture de la définition des systèmes distribués, nous fait sembler que c'est un système idéal. Mais c'est pendant le travail de design que l'on se rend compte qu'il est très complexe d'atteindre tous les objectifs. En plus certaines concessions sont nécessaires. Il faut souvent trouver le juste milieu [63].

✓ Communication :

Il s'agit du besoin le plus important pour un système distribué. Pour qu'un ensemble d'agents indépendants puisse collaborer, la communication est indispensable. On peut voir que la nécessité de la communication implique des concessions par rapport aux objectifs d'un système distribué idéal.

✓ Partage des ressources

Dans un système distribué plusieurs agents travaillent en même temps et il est possible qu'ils doivent accéder aux mêmes ressources. Le partage d'une ressource doit se faire avec prudence. En particulier si un des agents effectue une opération d'écriture. Durant la procédure, la ressource doit être protégée d'un accès concurrent d'un autre agent.

Il y a Souvent un système d'exclusion mutuelle pour partager une ressource. Cela veut dire que lorsqu'un agent utilise une ressource afin de la modifier, aucun autre ne peut l'utiliser. Dans le cas d'un système centralisé l'utilisation de sémaphore par exemple permet de gérer de telles situations. Mais cela est moins simple à implémenter dans un environnement distribué.

✓ Transactions

Le concept de transaction va encore plus loin que celui d'exclusion mutuelle. Lors d'une transaction les ressources utilisées sont protégées contre les accès concurrents, mais en plus il est possible de l'avorter en cours d'exécution. Dans ce cas, tout ce qui a été fait avant est annulé et le système retrouve son état d'origine avant la transaction.

✓ Sécurité

Un système informatique doit être sécurisé. Dans le cas de système centralisé, la tache est facilitée. En effet, il n'y a qu'un point à sécuriser. Un système centralisé n'est pas connecté avec d'autres agents ce qui fait que la simple sécurité physique : le serveur est dans une pièce fermée à clé peut suffire dans beaucoup de situation.

Dans le cas d'une architecture distribué, ce n'est plus du tout le cas. Il n'y a plus qu'un seul point à sécuriser. Dans certains cas, la tache de la sécurisation doit se faire entre plusieurs administrateurs. Il faut bien définir les rôles pour savoir qui a le droit de faire quoi. Etant donné qu'il s'agit d'agents connectés entre eux de nouveaux problèmes apparaissent. Comment faire confiance à un message ? Dans un réseau, des utilisateurs malveillants peuvent se faire passer pour d'autre simplement en usurpant une adresse connue.

La sécurité doit être organisée de façon très prudente dans un système distribué. Il faut définir les informations sensibles et créer des canaux sécurisés pour les transporter. Il faut auditer le réseau de façon permanente pour détecter les intrusions.

Un des enjeux les plus importants dans la définition est de définir des protocoles de sécurité qui ne sont pas trop contraignants non seulement pour les utilisateurs, mais aussi pour les performances du système. En effet, si la sécurité réclame trop de la part des utilisateurs, ceux-ci risque de ne pas appliquer les règles. Un système ultra sécurisé, vérifiant tous les flux d'informations de façon approfondie risque aussi d'être un système ultra lent. Encore une fois, l'enjeu est de trouver le juste milieu, de faire les bonnes concessions pour obtenir la sécurité optimum [64].

III.III.2. Systèmes temps réel

Les systèmes temps réel sont des systèmes d'exploitation permettant de contrôler ou piloter un procédé à une vitesse adaptée l'évolution de ce procédé. Ainsi, un système temps réel doit fournir des résultats exacts en tenant compte de contraintes temporelles explicites. On assiste aujourd'hui à une véritable explosion du marché des systèmes temps réel dans presque tous les domaines.

De plus, l'arrivée de l'open source laisse penser que leur utilisation deviendra un plus non négligeable dans l'industrie. Les systèmes temps réel sont donc incontournables et promis à un bel avenir.

III.III.2.1. Contexte de fonctionnement

Tout système temps réel est caractérisable par son rapport aux matériels avec lesquels il interagit [65]. On distingue ainsi deux principales catégories de systèmes temps réel : les systèmes embarqués et les systèmes détachés.

III.III.2.1.1. Système embarqué

Le système embarqué (embedded) est complètement encapsulé dans le matériel qu'il pilote ou contrôle et en est fortement dépendant (ex : contrôle d'un carburateur, stabilisateur d'avion) [66].

III.III.2.1.2. Système détaché

Le système détaché (detached) ou organique est peu dépendant du matériel sur lequel il fonctionne et peut en être détaché (ex : contrôle de processus industriel). Lorsqu'un système se situe entre ces deux catégories, on parle de système semi détaché [66].

III.IV. Méthodologie de Conception

III.IV.1. Génie logiciel orienté objet

III.IV.1.1. Etapes de la spécification et de la conception

Nous considérons dans ce chapitre deux étapes spécifiques au cycle de développement :

- spécification ;
- conception.

La plupart des méthodes s'appuient sur ces étapes auxquelles on rajoute traditionnellement le codage et les tests. En vue de l'utilisation d'AUML pour notre problème, nous limiterons ce travail aux deux étapes ci-dessus. Il convient de bien les différencier.

- **Spécification** correspond à l'analyse des besoins et à la modélisation d'un point de vue logique du système. Il s'agit d'élaborer une structure robuste et modifiable directement liée aux besoins. Elle s'appuie généralement sur l'analyse des cas d'utilisations (*use cases*), formalisés par Ivar Jacobson [67] : Ils décrivent sous la forme d'actions et de réactions le comportement d'un système du point de vue d'un utilisateur.
  Cette étape ne prend pas en compte le choix de matériel, le langage d'implantation, les contraintes temps réel... [68]. Il est donc indépendant de l'environnement d'implantation.
- **Conception** permet d'adapter et affiner la structure objet pour l'environnement d'implantation. On spécialise les concepts pour qu'ils correspondent à la sémantique de ce milieu [68].

Il s'agit de donner des solutions en fonction du milieu et de la maîtrise du développeur. Notamment on résout les problèmes des contraintes temps réel et on prend en compte le système d'exploitation.

III.IV.1.2. Passage de la spécification à la conception

Le problème de la transition entre ces deux étapes s'est toujours posé aux développeurs. Il est important de conserver la spécification lors de la conception pour obtenir un modèle robuste et facilement modifiable.

"Le modèle d'analyse idéal doit souvent être modifié, du fait d'un environnement d'implantation complexe, même si ce n'est pas désirable... " [68]. Les différents modèles seront donc amenés à être régulièrement retouchés lors de la réalisation du système (*Fig III.8*).

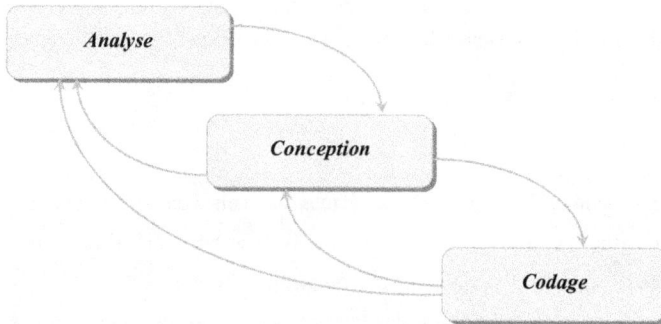

FigIII.8 : *Retour d'informations entre les phases*

III.IV.2. Passage de l'orienté objet vers l'orienté agent

Depuis quelques années, une évolution de la programmation orientée-objet se dessine à l'horizon : la programmation orientée-agent. En effet, la programmation orientée-objet n'est pas toujours adaptée aux besoins des applications temps réel. Les systèmes sont souvent distribués sur plusieurs machines. Ils interagissent et communiquent entre eux et doivent aussi s'exécuter indépendamment les uns des autres. Ils sont souvent divisés en sous-systèmes indépendants qui exécutent chacun une partie du travail dans un but commun.

La programmation orientée agents est une spécialisation de la programmation orientée objets. Dans cette approche, les agents sont les éléments centraux du langage, de la même façon que les objets sont centraux pour les langages orientés objets.

La programmation orientée-agent offre une façon beaucoup plus naturelle de concevoir ce type de système. Elle fut proposée par Yoav Shoham [69] comme un nouveau paradigme de programmation basé sur une « vue sociétale de la programmation ». L'un de ces aspects fondamentaux est la programmation des agents en termes de notions mentales comme celles qu'impliquent les croyances, désirs et intentions des architectures.

La perspective sur les agents est cognitive : les agents sont caractérisés par des notions mentales comme leurs croyances, leurs décisions et leurs obligations. De plus, à chaque agent est associé un ensemble d'habiletés qui représentent ce que l'agent sait faire.

En même temps, la programmation orientée agents suppose qu'on va développer des programmes dans lesquels plusieurs agents interagissent, ce qui met l'accent sur la dimension sociale des agents.

La technologie agent représente un nouveau paradigme, nous sommes passés de la programmation classique à la programmation orientée objet et on parle de programmation orientée agent [59] [76]. D'ailleurs, il convient de faire la distinction entre « agent » et «objet». Un agent se distingue d'un objet informatique ou d'un programme classique par sa capacité à agir sans qu'il ait été explicitement sollicité. Un objet répond lorsqu'on fait appel à une de ses méthodes, alors qu'un agent effectue une action sans qu'on le lui demande. On dit qu'un agent est « autonome » car il est capable d'un comportement dirigé par des buts internes [39].

	POO	POA
Unité de base	Objet	Agent
Paramètre définissant l'unité de base	Pas de contraintes	Croyances, décisions, obligations, habiletés.
Processus de calcul	Envoi de messages et méthodes pour la réponse.	Envoi de messages et méthodes pour la réponse.
Types de messages	Pas de contraintes	Informer, demander, offrir, promettre, accepter, rejeter….
Contraintes sur les méthodes	Pas de contraintes	Consistance, vérité….

Tableau III.3: Objet versus Agent

C'est pour cette raison que le choix d'une modélisation Orientée Agent suivie d'une implantation en Java et C++ a été effectué.

III.IV.3. Géni AUML

UML [70] est certainement le plus connu et le plus utilisé des langages de modélisation. Agent UML est le plus connu des langages de modélisation graphique pour décrire des systèmes multi-agents mais jusqu'à présent.

Le langage de modélisation Agent UML [71] [72] hérite d'UML et intègre les différences qui existent entre les agents et les objets [73]. Agent UML est une extension d'UML afin de prendre en compte les notions agent que ce dernier n'a pas. Puisqu'Agent UML est une extension, il hérite des représentations proposées par UML. En voici la liste :

1. Sequence diagrams
2. Collaboration diagrams
3. Activity diagrams
4. Statechart
5. Use case diagrams
6. Class diagrams
7. Object diagrams
8. Packages
9. Component diagrams
10. Deployment diagrams

Les cinq premières représentations correspondent à des diagrammes dynamiques alors que les quatre dernières correspondent à des diagrammes statiques.

Les « sequence diagrams » ont été modifiés puisque ils portent maintenant le nom de « protocol diagrams » [71] [72] et correspondent à la représentation des protocoles d'interaction. Les « *protocol diagrams* » décrivent les protocoles d'interaction utilisés par les agents. Ils exploitent la richesse des communications entre agents [74].

Les « *collaborations diagrams* » regroupent à la fois les « *class diagrams* » et les « *protocols diagrams* » [74]. Ces diagrammes permettent de grouper à la fois la structure du système avec les *class diagrams* au comportement du système à travers l'échange de messages avec les « *protocols diagrams* ».

Les « *activity diagrams* » et les « *interaction diagrams* » présentent des similarités car ils traitent tous les deux de l'activité du système. Les *activity diagrams* décrivent les échanges entre les activités alors que les « *interaction diagrams* » le font entre objets [75].

Les « *statecharts* » ressemblent aux « *activity diagrams* » si ce n'est qu'il ne s'agit pas de modéliser des activités mais des états du système. Les « *statecharts* » sont utilisés pour représenter le comportement du système [75].

Les « *use case diagrams* » sont utilisés pour définir des cas d'utilisation du système et donnent une analyse du système [75].

Les « class diagrams » ont aussi été modifiés. Il ne faut pas oublier qu'un agent diffère d'un objet par conséquent le diagramme de classes qui permet de représenter les classes constituant le système sera aussi modifié [75]. Les « *class diagrams* » décrivent la structure du système et les relations qui unissent les différentes classes du système.

Les « *object diagrams* » sont les versions instanciées des « *class diagrams* ». Il s'agit généralement de représenter les objets à un instant t de l'exécution du système afin de connaître les valeurs des attributs [75].

Les *packages* sont un mécanisme pour l'organisation d'éléments en groupes.

Les « *component diagrams* » décrivent les composants nécessaires pour l'exécution du système. Un composant est un élément physique du système qui fournit des services par l'intermédiaire d'interfaces [75].

Les «*deployment diagrams* » donnent comment organiser physiquement les éléments physiques du système [75].

III.V. Nouvelle méthodologie distribuée temps réel de sécurité et détection d'intrusion proposée

Le modèle d'architecture de détection d'intrusions proposé est basé sur une approche distribuée utilisant le système multi-agents pour bénéficier de l'intelligence de ces agents pour détecter les attaques complexes dans des environnements dynamiques.

Cette approche permet de mettre en forme des règles et procédures qui décrivent les usages non désirés en s'appuyant sur des intrusions passées ou des faiblesses théoriquement connues.

L'efficacité de cette approche repose sur la couverture de tous les abus possibles par les règles et aussi par l'utilisation du système multi-agents qui pousse la recherche sur les intrusions qui peuvent représenter de faibles menaces et renforce donc le degré de sécurité apporté à la cible surveillée.

Cette architecture est dotée d'un ensemble d'agents ayant un but commun, qui est la détection d'intrusions distribuée. Ces agents sont définis par leurs rôles, leurs comportements et par les informations qu'ils manipulent et qu'ils produisent, et dont chacun dispose d'une autonomie pour accéder aux données et élaborer sa propre stratégie en fonction des informations disponibles. Ces concepts sont manquants aux systèmes de détection d'intrusions actuels.

L'architecture du système de détection d'intrusions proposé est fondée sur un nouveau modèle de détection d'intrusions constitué de deux analyseurs utilisant une nouvelle approche fonctionnelle.

III.V.1. L'architecture distribuée temps réel de sécurité et détection d'intrusion proposée

Dans le but d'améliorer le mécanisme de fonctionnement des systèmes de détection d'intrusions, nous avons mené une étude de recherche pour définir une nouvelle architecture distribuée capable de :

- ✓ Perfectionner les algorithmes de base de la détection, afin de repérer moins de faux positifs et de faux négatif ;
- ✓ Identifier les scénarios d'attaques complexes ;
- ✓ Améliorer la disponibilité et le bon fonctionnement du système de détection d'intrusions.

Le modèle d'architecture de détection d'intrusions proposé est basé sur une approche distribuée utilisant le système multi-agents pour bénéficier de l'intelligence de ces agents pour détecter les attaques complexes dans des environnements dynamiques.

Cette approche permet de mettre en forme des règles et procédures qui décrivent les usages non désirés en s'appuyant sur des intrusions passées ou des faiblesses théoriquement connues. L'efficacité de cette approche repose sur la couverture de tous les abus possibles par les règles et aussi par l'utilisation du système multi-agents qui pousse la recherche sur les intrusions qui peuvent représenter de faibles menaces et renforce donc le degré de sécurité apporté à la cible surveillée.

Cette architecture est dotée d'un ensemble d'agents ayant un but commun, qui est la détection d'intrusions distribuée. Ces agents sont définis par leurs rôles, leurs comportements et par les informations qu'ils manipulent et qu'ils produisent, et dont chacun dispose d'une autonomie pour accéder aux données et élaborer sa propre stratégie en fonction des informations disponibles. Ces concepts sont manquants aux systèmes de détection d'intrusions actuels.

L'architecture du système de détection d'intrusions proposé est fondée sur un nouveau modèle de détection d'intrusions constitué de deux analyseurs utilisant une nouvelle approche fonctionnelle.

Cette approche distribuée est basée d'une part, sur l'intelligence du système multi-agents (SMA) pour réagir contre les attaques complexes [5][6] et d'autre part, sur l'existence d'un deuxième analyseur matériel qui pousse la recherche sur les intrusions qui peuvent représenter de faibles menaces et donc renforce le degré de sécurité apportée à la cible surveillée.

L'efficacité de cette approche repose sur :

▶ Distribution du mécanisme de surveillance sur plusieurs agents ;

▶ Deuxième analyseur matériel pour analyser les informations et définir le type, le degré d'intrus et la politique d'attaque utilisée ;

▶ Exploitation des différentes règles et procédures appliquées au système pour contrôler les entrées/sorties de la cible surveillée.

Dans ce qui suit, nous allons présenter les différentes versions :

III.V.2. L'architecture distribuée temps réel de sécurité et détection d'intrusion proposée version 1

La première version de l'architecture de sécurité et de détection d'intrusion proposée est constituée d'un capteur et de deux analyseurs [77].

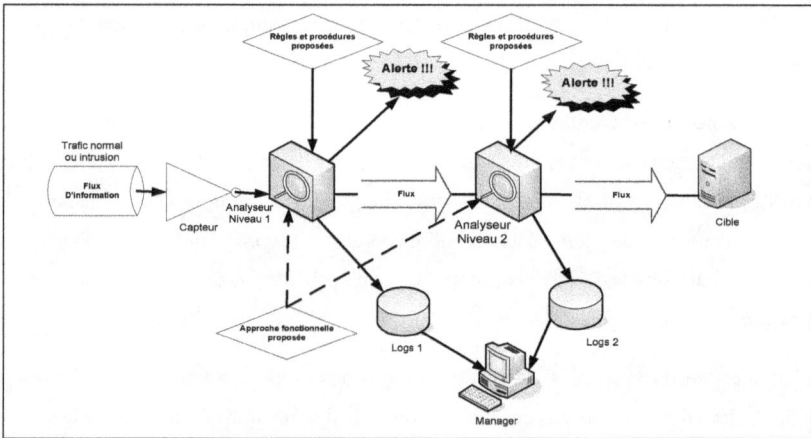

FigIII .9 : *Architecture proposée (version 1)*

La méthode d'analyse utilisée consiste à [77]:

- ✓ Analyser le flux transitant par l'analyseur niveau 1 et déterminer le degré de menace représentée par l'intrusion,
- ✓ Classer dans un tableau les menaces potentielles,
- ✓ Définir le niveau d'intrusion tolérable par l'analyseur 1,
- ✓ Stocker le flux présentant un risque dans un fichier Logs ou base de données,
- ✓ Générer un message de signalisation de l'intrusion (envoi d'un e-mail ou d'un sms).
- ✓ Analyser le flux par l'analyseur niveau 2, s'il n'est pas bloqué par l'analyseur niveau 1,
- ✓ Déclencher une alerte si le risque est important,
- ✓ Enregistrer le flux dans un fichier Logs lié à l'analyseur 2,
- ✓ Générer un message de notification,

III.V.3. Conception de l'architecture distribuée temps réel de sécurité et détection d'intrusion proposée version 2

La deuxième version de l'architecture de sécurité et de détection d'intrusion proposée est basée sur l'approche multi-agents pour bénéficier de l'intelligence de ses agents. Elle est constituée de deux analyseurs le premier est un analyseur réseau tandis que le deuxième surveille un poste critique [77].

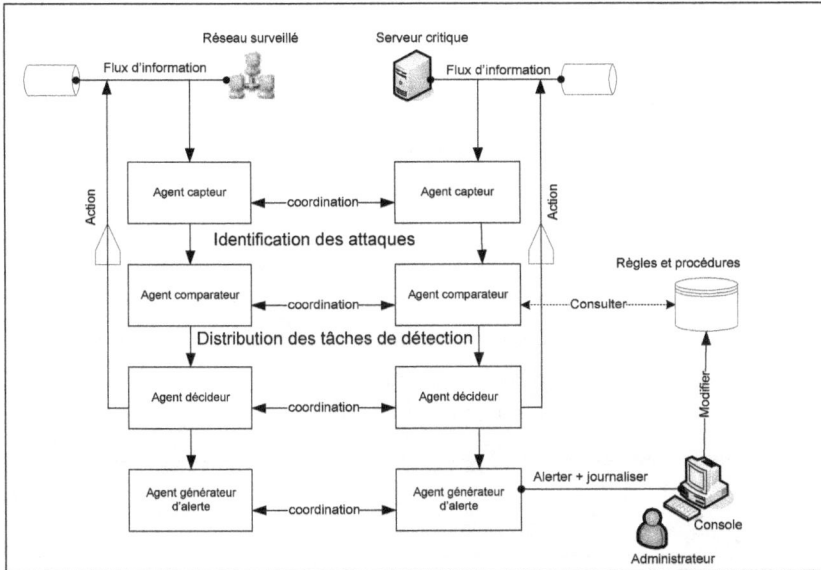

FigIII.10 : Architecture proposée (version2)

Le mécanisme de détection d'intrusions est constitué de deux analyseurs, l'un surveille le réseau et l'autre est destiné pour surveiller un poste critique. Chaque analyseur a les caractéristiques suivantes :

Analyseur basé sur une architecture du système multi-agents, son rôle est d'analyser le flux d'information collecté par l'agent (**capteur**) et transmet à l'agent (**comparateur**) chargé de comparer le trafic capturé avec les règles et procédures qui lui ont été appliquées et selon le degré de menace que peut représenter l'intrusion, il va ordonner à l'agent (**décideur**) de laisser le trafic continu son chemin vers la cible ou de bloquer le trafic et donner des instructions à l'agent (**générateur d'alerte**) pour générer un message d'alerte pertinent à l'administrateur et stocker des informations sur l'événement dans un fichier journal [77].

La méthode d'analyse utilisée consiste à [77] :

✓ Capturer le trafic transitant par l'agent capteur,

✓ Analyser par l'agent comparateur les données collectées et déterminer le degré de menace représenté par l'intrusion,

✓ Vérifier si le niveau d'intrusion est tolérable ou pas par l'agent comparateur,

✓ Décider de laisser le trafic continuer son chemin vers la cible ou bloquer le trafic par l'agent décideur,

✓ Stocker des informations sur l'événement présentant un risque dans un fichier Logs,

✓ Générer un message de notification d'intrusion,

✓ Alimenter la base des règles et procédures par l'administrateur de sécurité.

III.V.4. L'architecture distribuée temps réel de sécurité et détection d'intrusion proposée version 3

La troisième version de l'architecture de sécurité et de détection d'intrusion proposée est constituée de deux analyseurs. Le premier est formé par des agents réactifs tandis que le deuxième est formé d'agents cognitifs [78] [79] [80] [81].

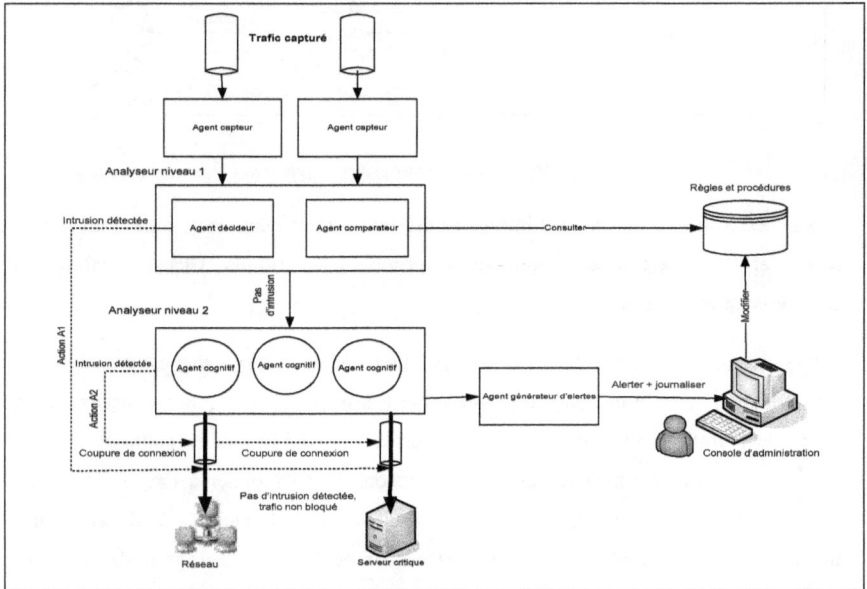

FigIII.11 : *Architecture proposée (version3)*

Le système de détection d'intrusions proposé est formé par des agents ayant les capacités réactives pour réagir rapidement contre les attaques connues et des agents ayant les capacités cognitives pour détecter aussi les attaques inconnues [78] [79] [80] [81]. Ce système comporte deux analyseurs :

Analyseur niveau 1 : basé sur une architecture du système multi-agents composé par *des agents réactifs* (agent comparateur et agent décideur), son rôle est d'analyser le flux d'information collecté par l'agent capteur. l'agent « **comparateur** » chargé de confronter le trafic capturé avec la base de signature et selon le degré de menace que peut représenter l'intrusion et les règles et procédures qui ont été appliquées à l'analyseur, l'agent « **décideur** » va bloquer ou laisser le trafic continu son chemin vers **l'analyseur niveau 2** [78] [79] [80] [81].

Analyseur niveau 2 : composé par *des agents cognitifs*, est chargé de l'étude du comportement de la cible surveillée et qui va effectuer une analyse plus approfondie des données et décider par la suite de bloquer ou pas le trafic et générer une alerte pertinente [78] [79] [80] [81].

III.V.5. L'architecture distribuée temps réel de sécurité et détection d'intrusion proposée version 4

La plateforme distribuée, temps réel de sécurité, détection d'intrusions à base du système multi-agents (SMA) est caractérisée par la figure suivante [82]:

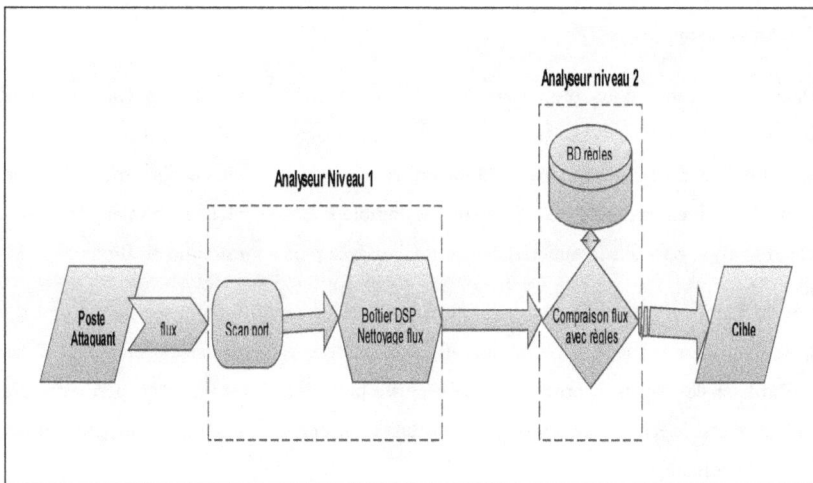

FigIII.12 : Architecture proposée (version 4)

La plateforme de détection d'intrusions proposée, comprend [82]:

- **Capteur** [82] chargé de collecter des informations sur les échanges d'information au réseau ou de l'évolution de l'état du système surveillé ;

- **Analyseur matériel niveau 1** [82] : est caractérisé par un automate programmable, un DSP (Digital Signal Processeur), un microcontrôleur, son rôle est d'analyser le flux d'information capturé et selon le degré de menace que peut représenter l'intrusion et les règles et procédures qui lui ont été appliquées, il va décider de bloquer ou laisser le trafic continu son chemin vers l'analyseur niveau 2.

- **Analyseur logiciel niveau 2** [82] chargé d'effectuer un examen plus approfondi du flux et qui va servir de l'intelligence des agents pour décider de bloquer ou pas le trafic et générer une alerte pertinente.

- **Manager** [82] qui collecte les alertes produites par les deux analyseurs, il est donc chargé de la présentation des alertes à l'administrateur de sécurité et aussi, de la réaction adoptée par les deux analyseurs.

III.VI. Conclusion

Dans ce chapitre, nous proposons une architecture distribuée, temps réel de sécurité, détection d'intrusions basée sur le système multi-agents à deux niveaux d'analyses. L'utilisation de niveaux apporte à la plateforme de sécurité de la performance et de la fiabilité. Les niveaux d'analyse basés sur les logiciels effectuent une première analyse. Le niveau d'analyse basé sur le matériel assure une analyse plus approfondie du flux.

Les différents niveaux d'analyses de la plateforme de sécurité proposée permettent d'une part, de distribuer le mécanisme de surveillance / détection sur plusieurs entités et d'autres part, d'utiliser des règles et procédures de sécurité pour définir les priorités, permettre d'agir librement dans le choix de classification des menaces et de garantir un niveau élevé de sécurité souhaité.

Le chapitre suivant expose une nouvelle méthodologie de conception de l'architecture distribuée temps réel de sécurité et détection d'intrusion et qui est basée sur l'approche orientée agent. L'utilisation de cette approche nous permet l'exploitation d'un nouvel outil de modélisation AUML.

CHAPITRE IV

Conception de la plateforme de sécurité et détection d'intrusion

IV.I. Introduction

La plateforme de détection d'intrusions est basée sur une approche distribuée qui utilise le système multi-agents pour bénéficier de l'autonomie et de l'intelligence de ces agents.

AUML est un langage de modélisation basé sur les concepts agent : l'objet d'AUML est de fournir une notation standard utilisable dans le développement de systèmes informatiques basés sur l'agent.

Cependant, AUML n'est pas une méthode car il n'inclut pas la manière d'utiliser les concepts qu'il se propose c'est à dire l'enchaînement des étapes qui mènent à la résolution des problèmes posés.

En conséquence, la conception de la plateforme de sécurité et de détection d'intrusions temps réel a été faite à travers le langage de modélisation AUML.

Ce choix est justifié par le fait que l'AUML est certainement le plus connu des langages de modélisation graphique pour décrire des systèmes multi-agents mais jusqu'à présent.

Dans ce chapitre, nous allons étudier deux versions de conception, la première utilisant l'approche orientée objet tandis que la deuxième utilise l'approche orientée agent, et ce en vue de cerner les possibilités offertes par les agents et les systèmes multi agents.

La modélisation en AUML de cette plateforme a été suivie d'une mise en œuvre d'une application de simulation qui permet d'illustrer le fonctionnement de la plateforme ainsi qu'une plateforme expérimentale de détection d'intrusion qui tourne sur des machines en réseau.

IV.II. Conception de la plateforme de sécurité

IV.II.1. Spécification

L'énoncé d'un besoin exprime un comportement ou une propriété que le système doit respecter, la formulation doit se faire en termes compréhensibles. Dans notre cas, les besoins sont exprimés comme suit :

• Envisager une automatisation complète du processus de capture du trafic réseau et de détection d'intrusion.

• Automatiser le processus de signalisation de l'existence et de la détection d'intrusions.

• Fournir un état récapitulatif des activités de détection d'intrusions.

IV.II.1.1. Description des cas d'utilisation

Le recensement et la description des principales fonctionnalités attendues de la plateforme de sécurité et de détection d'intrusions est fait en utilisant une représentation en diagramme de cas d'utilisation. Plusieurs acteurs ont été identifiés à partir de l'analyse des besoins [77] [78] [79] [80] [81] [82]:

1. Une « Sonde »
2. Un analyseur niveau 1
3. Un analyseur niveau 2
4. Un administrateur

La figure IV.1 représente le diagramme de cas d'utilisation du simulateur de la plateforme proposée. En effet, ce simulateur doit fournir les différentes fonctionnalités attendues de la plateforme proposée [77] [78] [79] [80] [81] [82]. Ces fonctionnalités correspondent aux actions ci-après :

- Récupérer le flux d'information,
- Le traiter ce flux,
- Décider son destin,
- Provoquer des alertes,
- Journaliser les alertes.

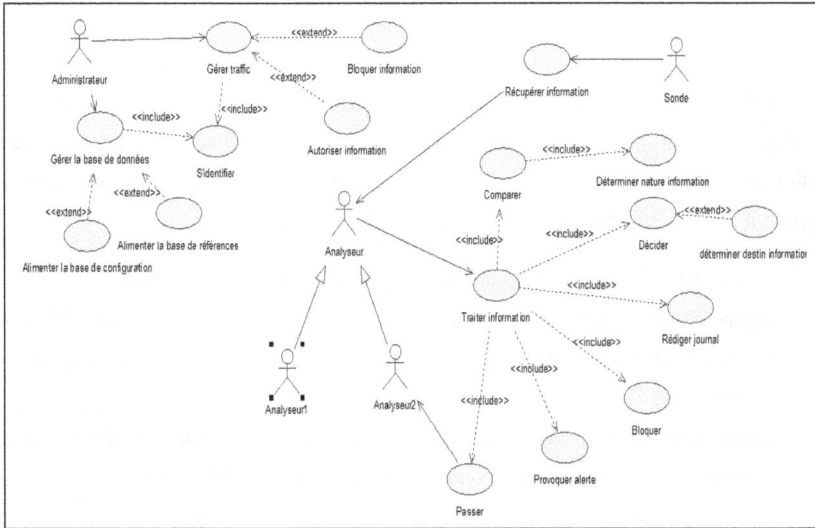

FigIV.1 : *Diagramme de cas d'utilisation*

IV.II.1.2. Description des scénarios

Les différents cas d'utilisation sont détaillés en utilisant les scénarios. Nous décrivons textuellement ces scénarios. Nous présentons deux versions de description de scénarios la première utilise l'approche orientée objet tandis que la deuxième utilise l'approche orientée agent.

IV.II.1.2.1. Description basée UML

La première version de la plateforme de sécurité et de détection d'intrusions est basée sur l'approche orientée objet. Le mécanisme de détection d'intrusions, pour niveau d'analyse, effectue les étapes suivantes [77]:

✓ Collecter les événements en temps réel,

✓ Effectuer un premier diagnostic sur la nature de l'attaque,

✓ Déclencher une alerte si la menace est réelle,

✓ Stocker des informations sur l'événement présentant un risque dans un fichier journal,

✓ Générer un message de signalisation de l'intrusion par envoi de sms, email, ...,

✓ Permettre une réaction active à l'attaque pour la ralentir ou la stopper.

IV.II.1.2.2. Description basée AUML

Cette version de la plateforme de sécurité et de détection d'intrusions est basée sur une approche distribuée qui utilise le système multi-agents pour bénéficier de l'autonomie et de l'intelligence de ces agents [82]. Cette plateforme Elle est formée d'agents ayant des capacités cognitif et réactif qui s'adaptent à l'évolution complexe des attaques. Le mécanisme de détection d'intrusion s'effectue selon le scénario suivant [82]:

- ✓ Un capteur qui collecte les données échangées avec la cible surveillée,
- ✓ Un analyseur hard niveau 1 basé sur un automate programmable, un DSP ou un microcontrôleur qui permet d'éliminer les attaques fortes sans risque d'avoir des problèmes,
- ✓ Un analyseur soft niveau 2 qui permet d'effectuer une recherche approfondi afin d'éliminer les intrusions qui représentent de moyens et faibles menace.

IV.II.2. Analyse

L'analyse consiste à partir des cas d'utilisation et des besoins recueillis à élaborer la structure de la plateforme de simulation à un niveau d'abstraction qui va au-delà de l'implémentation physique.

IV.II.2.1. Description de l'architecture de sécurité et détection d'intrusion version 1

Cette première version de l'architecture de sécurité et détection d'intrusion est constituée d'un capteur qui permet de capturer le flux d'information circulant sur le réseau et de deux analyseurs qui s'occupent de l'analyse du flux et déclenchent une alerte en cas d'intrusion.

IV.II.2.1.1. Description basée UML de l'architecture de sécurité et détection d'intrusion version 1

IV.II.2.1.1.1. Diagramme de classes

Le diagramme de classes est donné par la figure IV.2. Il représente la structure des différentes classes nécessaires pour le développement de l'outil. En fait, il comporte plusieurs classes :

- Classe **Analyseur 1**,

- Classe **Analyseur 2**,

- Classe **Alerte**,

- Classe **Journal**,

- Classe **Sonde**,

- Classe **Comparateur,**

- Classe **Décideur,**

- Classe **Administrateur.**

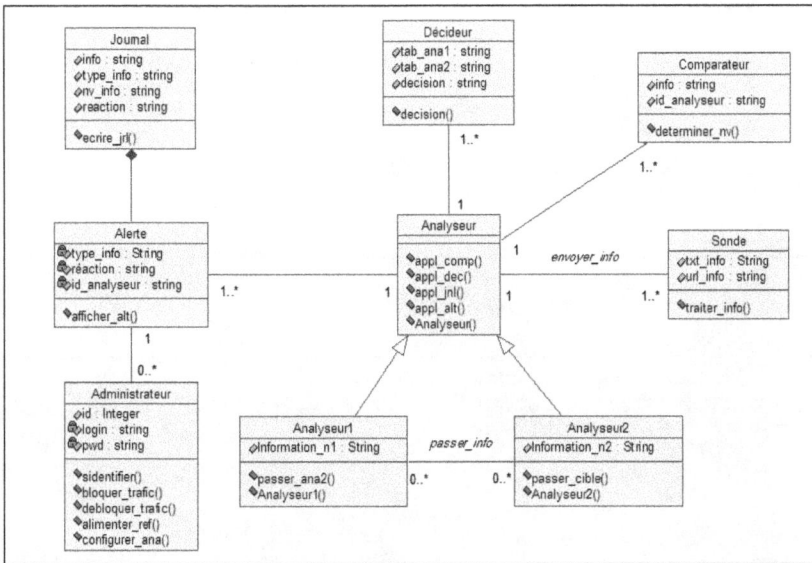

FigIV.2 : *Diagramme de classes*

IV.II.2.1.1.2. Diagramme de séquences

Les diagrammes de séquences donnés par les figures IV.3 et V.4 montrent l'interaction entre les objets de différentes classes dans le temps dans le cas de la récupération d'un flux d'information.

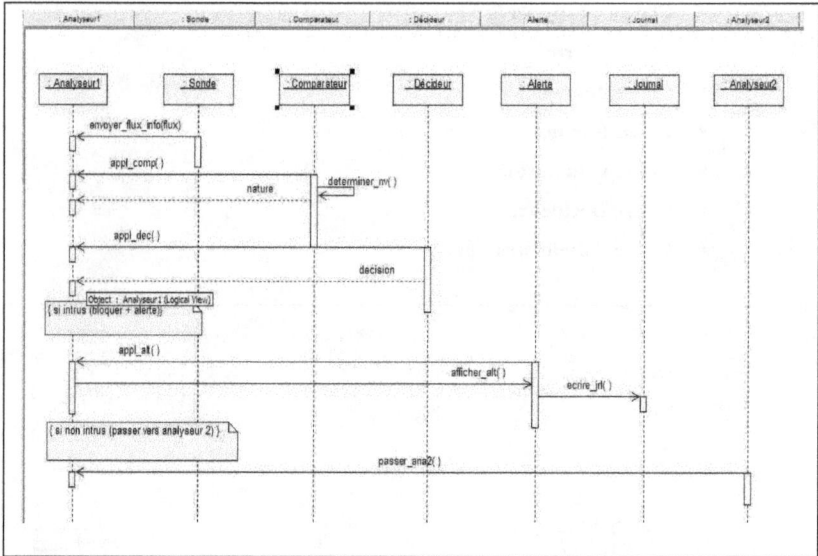

FigIV.3 : *Diagramme de séquences*

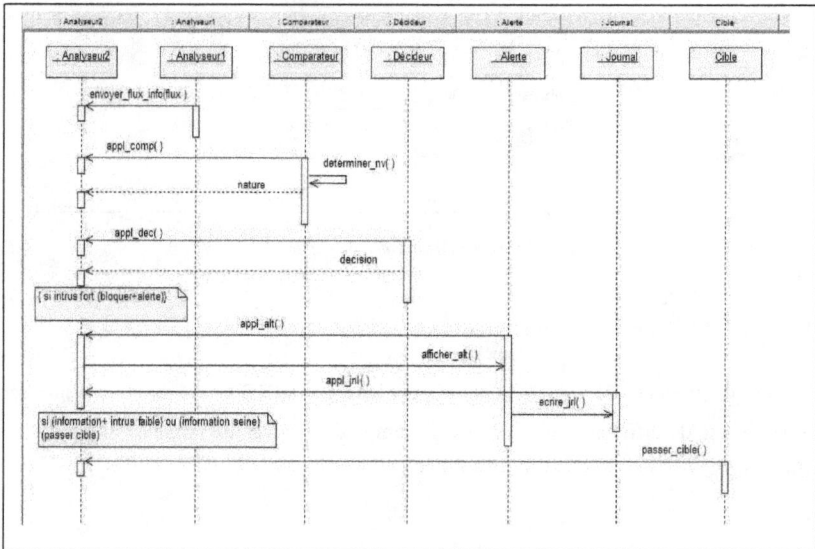

FigIV.4 : *Diagramme de séquences*

IV.II.2.1.2. Description basée AUML de l'architecture de sécurité et détection d'intrusion version 1

IV.II.2.1.2.1. Diagramme de classes

Le diagramme de classes agents est donné par la figure IV.5. Il représente la structure des différents agents nécessaires pour le développement de l'outil. En fait, il comporte plusieurs classes :

- Agent **Analyseur 1**,
- Agent **Analyseur 2**,
- Agent **Alerte**,
- Agent **Journal**,
- Agent **Sonde**,
- Agent **Administrateur.**

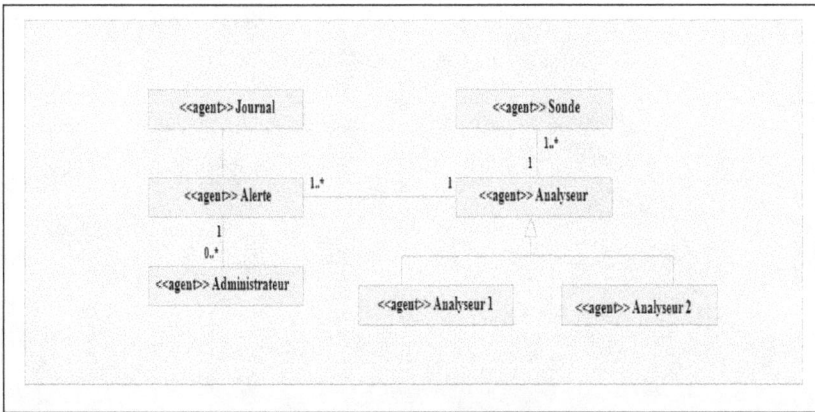

FigIV.5 : *Diagramme de classes agents*

IV.II.2.1.2.2. Diagramme de séquences

Les diagrammes de séquences donnes par les figures IV.6 et IV.7 montrent l'interaction entre les agents dans le temps dans le cas de la récupération et le traitement d'un flux d'information.

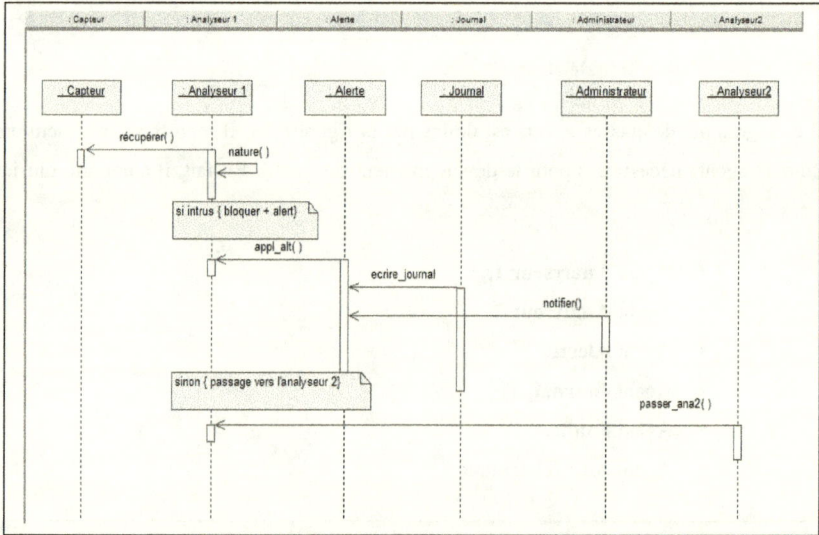

FigIV.6 : *Diagramme de séquences*

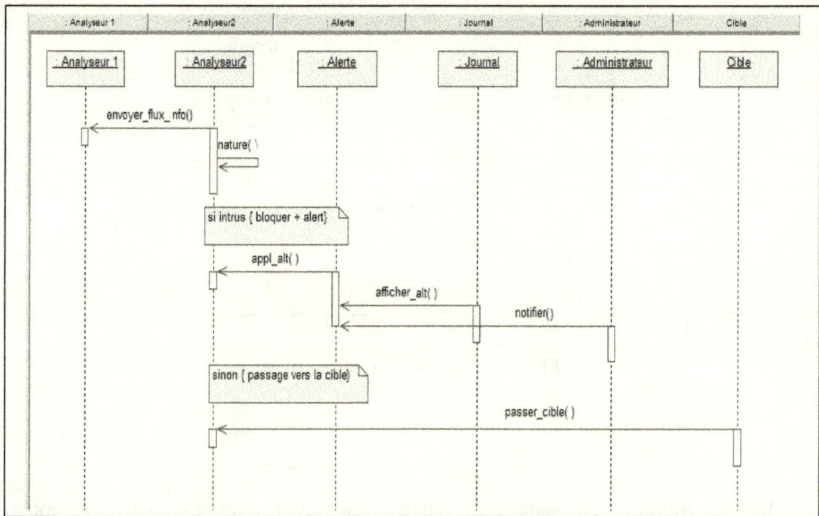

FigIV.7 : *Diagramme de séquences*

IV.II.2.1.3. Bilan

Un agent se distingue d'un objet informatique ou d'un programme classique par sa capacité à agir sans qu'il ait été explicitement sollicité. Un objet répond lorsqu'on fait appel à une de ses méthodes, alors qu'un agent effectue une action sans qu'on le lui demande. Un agent est autonome et intelligent d'où le choix d'adopter une conception orientée agent. La description d'une architecture basée sur l'approche orientée objet est faite en utilisant le langage UML. Ce langage a été développé pour prendre en compte la notion d'agent et a donné naissance au langage AUML. Dans les descriptions qui suivent nous adoptons une description orientée agent basée sur le langage AUML.

IV.II.2.2. Description basée AUML de l'architecture de sécurité et détection d'intrusion version 2

La deuxième version de l'architecture de sécurité et de détection d'intrusion proposée est basée sur l'approche multi-agents pour bénéficier de l'intelligence de ses agents. Elle est constituée de deux analyseurs le premier est un analyseur réseau tandis que le deuxième surveille un poste critique [77].

AUML est un langage de modélisation qui prend en compte la notion d'agent. Il comporte dix types de diagrammes symbolisant autant de vues distinctes pour représenter des concepts particuliers du système d'information. Ils se répartissent en deux grands groupes [77] [78]:

➢ *Diagrammes comportementaux ou diagrammes dynamiques*

1. Sequence diagrams
2. Collaboration diagrams
3. Activity diagrams
4. Statechart
5. Use case diagrams

➢ *Diagrammes structurels ou diagrammes statiques*

6. Class diagrams
7. Object diagrams
8. Packages
9. Component diagrams

10. Deployment diagrams

Ces diagrammes ne sont pas nécessairement tous produits à l'occasion d'une modélisation.

La conception de l'architecture proposée est décrite à travers les deux diagrammes de classes agents et de séquences pour illustrer respectivement l'aspect statique et dynamique de la plateforme à développer.

IV.II.2.2.1. Aspect Statique

Agent UML permet de représenter plusieurs niveaux d'abstraction lors de la conception des diagrammes de classes [78] [79]. Nous nous intéressons aux deux niveaux suivants : le niveau conceptuel et le niveau implémentation.

- Le *niveau conceptuel* est une vue assez haute du système multi-agents éliminant toutes informations superficielles pour comprendre la structure du système.

Le diagramme de classes agents de la figure IV.8 représente le niveau conceptuel de plateforme à développer.

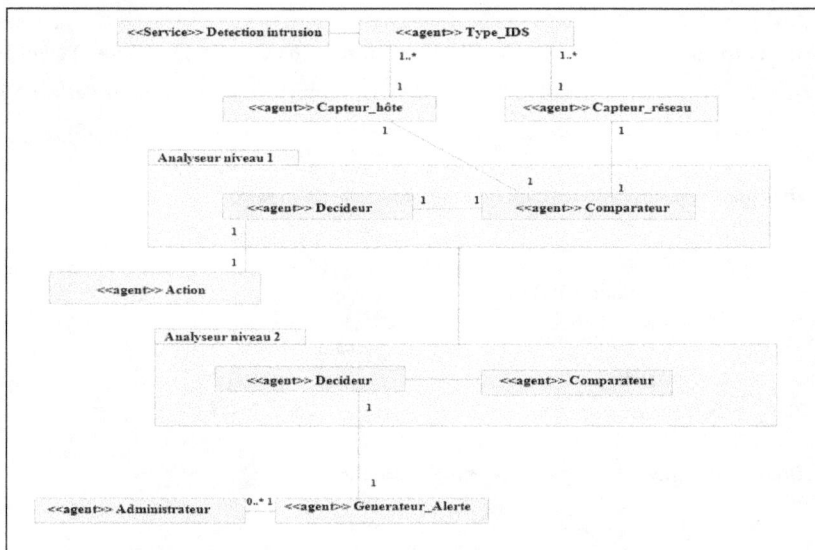

FigIV.8 : *Diagramme de de classes agent niveau conceptuel*

- Le *niveau implémentation* donne en détail le contenu des agents.

La figure IV.9 montre une partie du diagramme de classes agents pour le niveau implémentation.

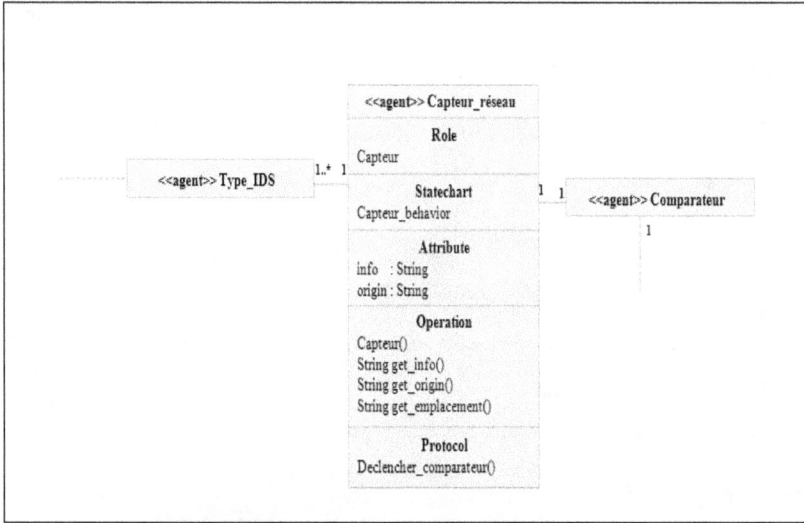

FigIV.9 : Niveau implémentation pour l'agent capteur réseau

IV.II.2.2.2. Aspect dynamique

Les diagrammes séquence dans AUML représentent les échanges de messages entre agents.

Le diagramme de séquence donné par la figure IV.10 montre l'interaction entre les différents agents dans le temps dans le cas de récupération d'un flux d'information.

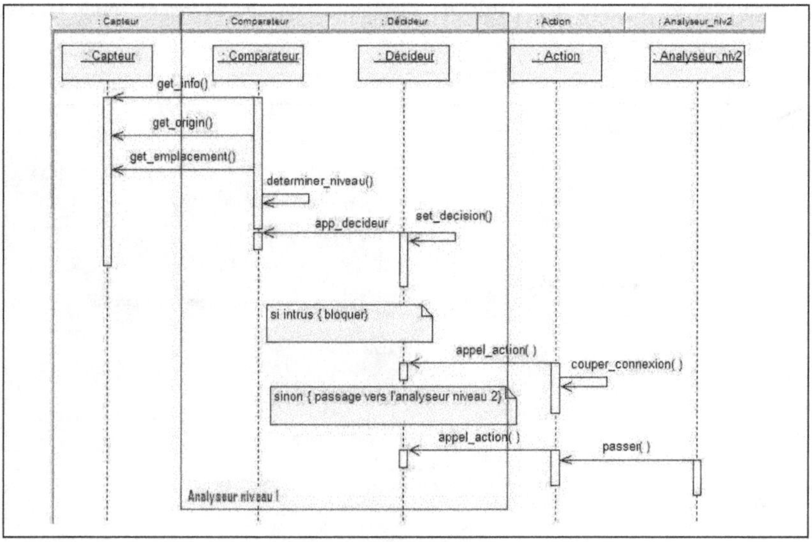

FigIV.10 : Diagramme de séquences

IV.II.2.3. Description basée AUML de l'architecture de sécurité et détection d'intrusion version 3

Cette architecture de sécurité et de détection d'intrusion basée sur une approche distribuée utilisant le système multi-agents pour bénéficier de l'intelligence de ces agents. Il est formé par des agents ayant les capacités réactives pour réagir rapidement contre les attaques connues et des agents ayant les capacités cognitives pour détecter aussi, les attaques inconnues [79].

IV.II.2.3.1. Aspect statique

Le diagramme de classes agents est donné par la figure IV.11 au niveau conceptuel. Il représente la structure des différentes classes d'agents nécessaires pour le développement de l'outil. En fait, lui aussi comporte plusieurs classes d'agent [78]:

- Agent **Service,**
- Agent **Type_IDS,**
- Agent **Capteur,**
- Agent **Comparateur,**
- Agent **Décideur,**

- Agent **Administrateur,**
- Agent **Alerte.**

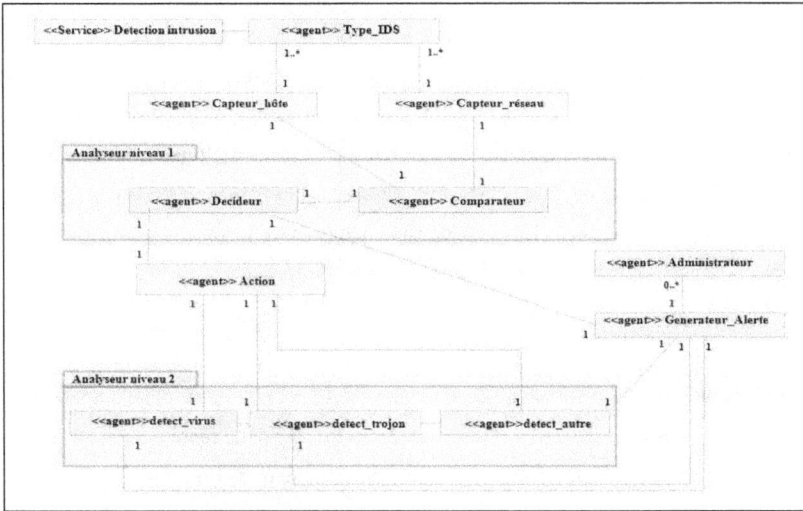

FigIV.11 : *Diagramme de classe agent niveau conceptuel*

IV.II.2.3.2. Aspect dynamique

Le diagramme de séquence donné par la figure IV.12 montre l'interaction entre les différents agents dans le temps au niveau de l'analyseur 1.

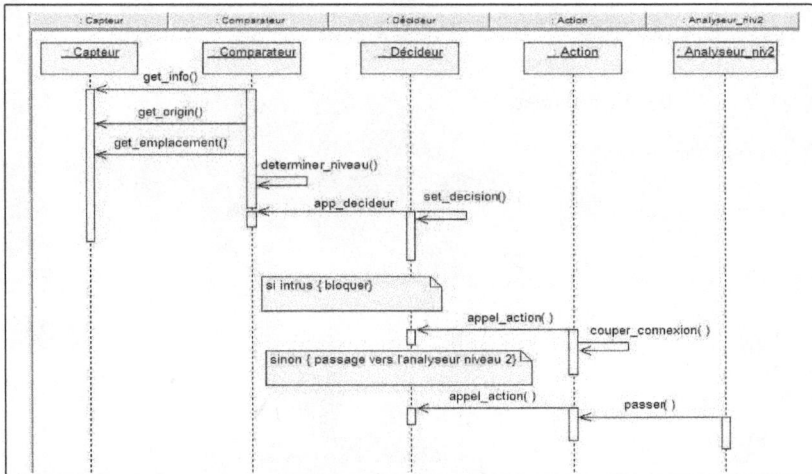

FigIV.12 : *Diagramme de séquences*

IV.II.2.4. Description basée AUML de l'architecture de sécurité et détection d'intrusion version 4

L'architecture du système de détection d'intrusions proposé est fondée sur un nouveau modèle de détection constitué de deux analyseurs indépendants utilisant une nouvelle approche fonctionnelle. Cette approche est basée sur l'intelligence des Système Multi-Agent (SMA) pour réagir contre les attaques complexes. Les agents intelligents, répartis sur deux analyseurs, coopèrent et communiquent pour détecter efficacement des attaques suivant des schémas d'attaques définis dans leur base de connaissances [82]. Ainsi la capacité d'intervenir en temps réel pour bloquer, détruire, filtrer et exploiter l'information.

IV.II.2.4.1. Aspect statique

Le diagramme de classes agents de la figure IV.13 représente le niveau conceptuel de plateforme de sécurité et détection d'intrusion à développer. . Il représente la structure des différentes classes d'agents nécessaires pour le développement de l'outil. En fait, il comporte plusieurs classes d'agent:

- o Agent **Service**,
- o Agent **Type_IDS,**
- o Agent **Capteur,**
- o Agent **Comparateur,**
- o Agent **Décideur,**
- o Agent **Administrateur,**
- o Agent **Alerte,**
- o Agent **Timer.**

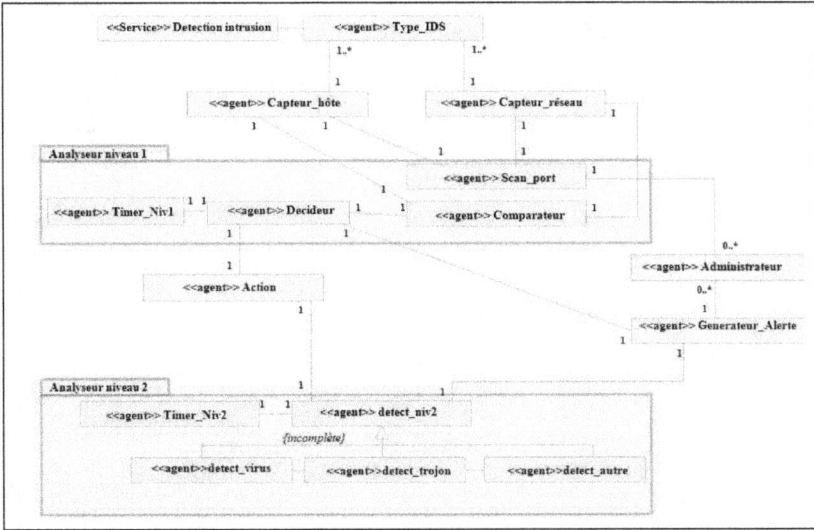

FigIV.13 : Diagramme de classes agents niveau conceptuel

IV.II.2.4.2. Aspect dynamique

Le diagramme de séquence donné par la figure IV.14 montre l'interaction entre les différents agents dans le temps au niveau de l'analyseur 1.

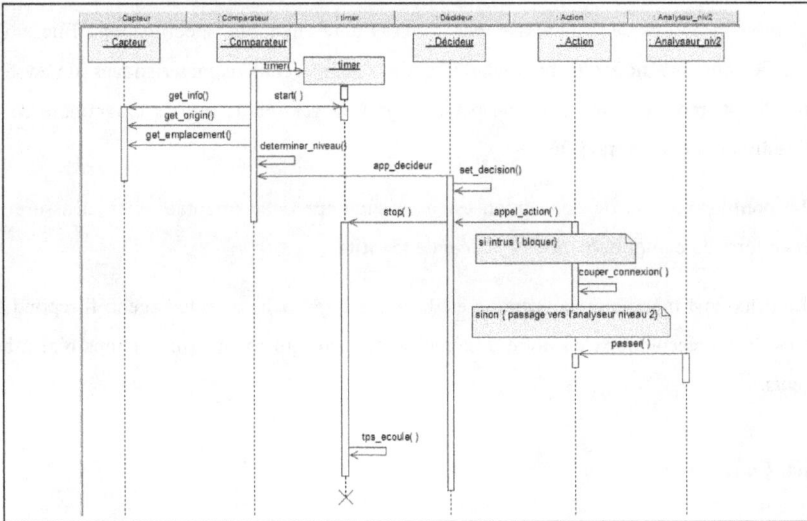

FigIV.14 : Diagramme de séquences

Le diagramme de séquence donné par la figure IV.15 montre l'interaction entre les différents agents dans le temps au niveau de l'analyseur 2.

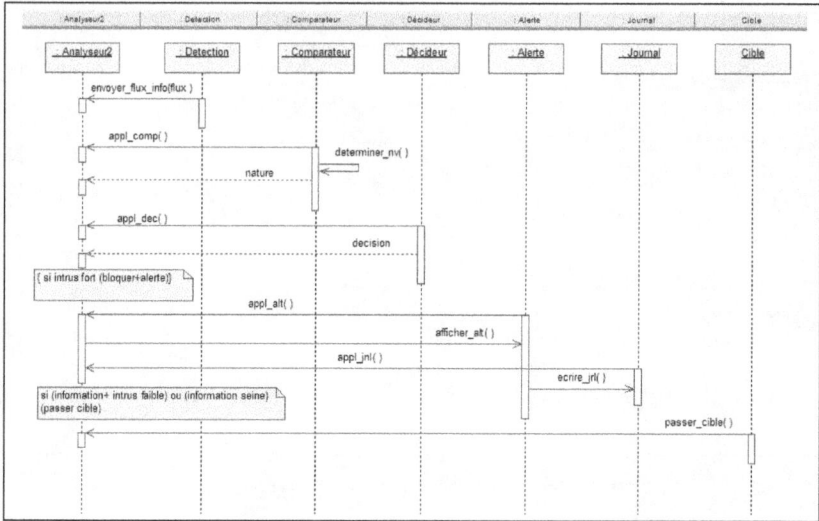

FigIV.15 : *Diagramme de séquences*

IV.II.3. Bilan

Cette conception se caractérise par sa continuité avec la spécification. Elle utilise principalement une nouvelle approche afin de s'adapter aux caractéristiques du système étudié. Il est important de noter que par rapport à la version 1, seul le diagramme de cas d'utilisation n'a pas été modifié.

Le premier modèle de conception est basé sur l'approche orientée objet. Il assure une maîtrise forte du comportement du système de sécurité.

Le deuxième modèle de conception est basé sur l'approche orientée agent. Il répond aux besoins de représentations de notre système de sécurité qui est distribué temps réel à base d'agents.

IV.III. Conclusion

La plateforme distribuée, temps réel de sécurité, détection d'intrusions à deux niveaux d'analyseurs, l'un matériel et l'autre logiciel, permettant d'une part, de distribuer le mécanisme de surveillance / détection sur plusieurs entités et d'autres part, d'utiliser des règles et procédures de sécurité pour définir les priorités, permettre d'agir librement dans le choix de classification des menaces et de garantir un niveau élevé de sécurité souhaité.

La conception de cette plateforme caractérise par l'utilisation d'une nouvelle approche afin de s'adapter aux caractéristiques du système étudié. Il est important de noter que par rapport à la version 1, seul le diagramme de cas d'utilisation n'a pas été modifié.

Le premier modèle de conception est basé sur l'approche orientée objet. Il assure une maîtrise forte du comportement du système de sécurité.

Le deuxième modèle de conception est basé sur l'approche orientée agent. Il répond aux besoins de représentations de notre système de sécurité qui est distribué temps réel à base d'agents.

Le choix de conception basée sur l'approche orientée agent apporte une simplicité d'implantation mais aussi une amélioration des performances du système de sécurité.

L'utilisation de niveaux apporte à la plateforme de sécurité de la performance et de la fiabilité.

Une étude plus précise des performances est effectuée dans le chapitre suivant.

CHAPITRE V

Réalisation de la plateforme de sécurité et détection d'intrusion

V.I. Introduction

La plateforme de sécurité et détection d'intrusions utilise une approche distribuée basée sur l'aspect multi-agent. Les modèles de conception étant réalisés dans le chapitre précédent, l'étape suivante est l'implantation de la plateforme correspondant au modèle choisi.

En premier lieu un simulateur a été réalisé vise à illustrer le fonctionnement de la plateforme. Il simule l'échange d'information entre une source et une cible tout en traversant les différents niveaux de la plateforme de sécurité et détection d'intrusion.

Ensuite, la réalisation d'une première version expérimentale de la plateforme à été concrétisé pour les tests réels de la plateforme. La plateforme de sécurité et détection d'intrusion est composée de plusieurs niveaux matériels et logiciels.

Dans la suite, nous détaillons le fonctionnement de la plateforme de simulation et chacun des niveaux constituant la plateforme de sécurité et détection d'intrusion.

V.II. Matériel et logiciels utilisés

V.II.1. Matériel

⬇ Matériel utilisé :

- Un PC : Micro-ordinateur

    Processeur : Core 2 Duo 1.80 GHz
    Mémoire : 2 Go
    Disque dur : 160 Go
    Os : Fedora version 9-11 / Noyau Linux 2.6.27.5-41.fc9.i686

- Un Hub

V.II.2. Logiciels utilisés

Pour implémenter ce simulateur nous avons utilisé le langage de programmation Java et l'environnement de développement : NetBeans.

✓ NetBeans IDE 6.5

NetBeans est un projet open source ayant un succès et une base d'utilisateur très large, une communauté en croissance constante, et près 100 partenaires mondiaux et des centaines de milliers d'utilisateurs à travers le monde. Sun Microsystems a fondé le projet open source NetBeans en Juin 2000 et continue d'être le sponsor principal du projet.

L'IDE NetBeans est un environnement de développement - un outil pour les programmeurs pour écrire, compiler, déboguer et déployer des programmes. Il est écrit en Java - mais peut supporter n'importe quel langage de programmation. Il y a également un grand nombre de modules pour étendre l'IDE NetBeans. L'IDE NetBeans est un produit gratuit, sans aucune restriction quant à son usage.

✓ Java

Le langage Java est un langage de programmation informatique orienté objet créé par James Gosling et Patrick Naughton employés de Sun Microsystems avec le soutien de Bill Joy (cofondateur de Sun Microsystems en 1982), présenté officiellement le 23 mai 1995 au SunWorld.

Le langage Java a la particularité principale que les logiciels écrits avec ce dernier sont très facilement portables sur plusieurs systèmes d'exploitation tels qu'Unix, Microsoft Windows, Mac OS ou Linux avec peu ou pas de modifications… C'est la plate-forme qui garantit la portabilité des applications développées en Java.

Java permet de développer des applications client-serveur. Côté client, les applets sont à l'origine de la notoriété du langage. C'est surtout côté serveur que Java s'est imposé dans le milieu de l'entreprise grâce aux servlets, le pendant serveur des applets, et plus récemment les JSP (JavaServer Pages) qui peuvent se substituer à PHP, ASP et ASP.NET.

✓ C++

Le C++ est un langage de programmation permettant la programmation sous de multiples paradigmes comme la programmation procédurale, la programmation orientée objet et la programmation générique. C++ est actuellement le 4e langage le plus utilisé au monde.

V.III. Réalisation de la plateforme de simulation

Les modèles de conception étant réalisés, le choix a été fait d'implanter une plateforme de simulation de la nouvelle approche proposée pour illustrer le fonctionnement des différents modèles. Cette plateforme simule l'échange d'information entre une source et une cible tout en traversant les différents niveaux de notre plateforme de sécurité et détection d'intrusion. Nous décrivons dans la suite, les différentes actions entreprises par l'analyseur niveau 1, l'analyseur niveau 2 et l'administrateur de la plateforme.

Analyseur niveau 1: Son rôle est d'analyser le flux d'information, de le bloquer ou de le faire passer vers l'analyseur niveau 2 tout en se basant sur un ensemble de règles et de procédures stocké dans sa base de connaissance.

Analyseur niveau 2: Son rôle est d'effectuer une analyse plus fructueuse du flux d'information provenant de l'analyseur niveau 1 et décide par la suite le blocage ou le passage du flux vers la cible.

L'administrateur : Son rôle est la gestion du trafic et de l'alimentation de la base de données références et configuration. Cette plate forme permet à l'administrateur de gérer (autoriser, bloquer) le flux d'information entrant et sortant des différents analyseurs (analyseur 1, analyseur 2).

La plateforme de simulation est implémentée sous une distribution open source Gnu/Linux et en utilisant le langage de programmation Java et l'environnement de développement : NetBeans IDE6.5.

Plusieurs versions de la plateforme de simulation ont été réalisées. Nous allons détailler dans ce qui suit les différentes versions réalisées associées aux divers architectures de sécurité et détection d'intrusion présentées dans le chapitre quatre.

V.III.1. Présentation de la plateforme de simulation réalisée version 1

La première version du simulateur, qui représente l'architecture de sécurité et détection d'intrusion version 1, est implémentée sous l'environnement Microsoft Windows et en utilisant le langage de programmation Java et l'environnement de développement : NetBeans.

Cette version simule le parcours d'une information ou intrusion depuis un poste attaquant vers une cible tout en traversant les différents niveaux de l'architecture.

V.III.2. Présentation de la plateforme de simulation réalisée version 2

La deuxième version du simulateur, qui représente l'architecture de sécurité et de détection d'intrusion version 2, est une migration vers une distribution open source Linux/GNU. La simulation d'une attaque commence par le choix du type d'information à envoyer (FigV.1) ensuite l'envoyer à la plateforme de simulation en cliquant le bouton « lancer ». Si l'information contient une intrusion forte par exemple alors le simulateur va la bloquer au niveau de l'analyseur niveau1.

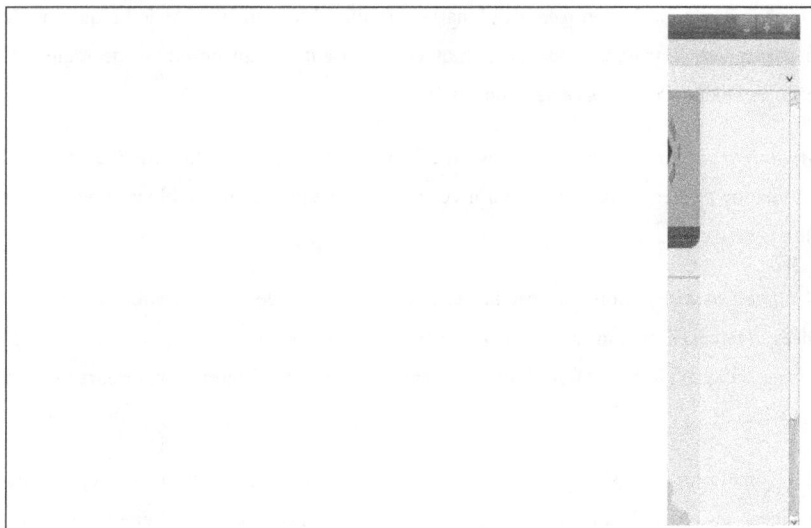

FigV.1 : Page d'accueil du simulateur version 2

V.II.1.3. Présentation de la plateforme de simulation réalisée version 3

La réalisation de la plateforme de simulation qui représente l'architecture de sécurité et détection d'intrusion version 3. Plusieurs versions ont été développées. Chaque version est amélioration de sa précédente. La version la plus récente est la version 6. Cette version permet de traiter un fichier texte (.txt) et d'afficher son contenu au lieu d'envoyer seulement le type de message dans la deuxième version. L'analyse de ces fichiers se fait selon une nouvelle règle intégrée se basant sur le calcul du nombre de caractères spéciaux existants dans le fichier analysé. L'administrateur peut agir au niveau de chaque niveau d'analyse pour bloquer ou débloquer le flux d'information qui le traverse.

▪ Description de la page d'accueil:

Cette page nous permet de récupérer une information et de l'envoyer à l'analyseur niveau 1 :

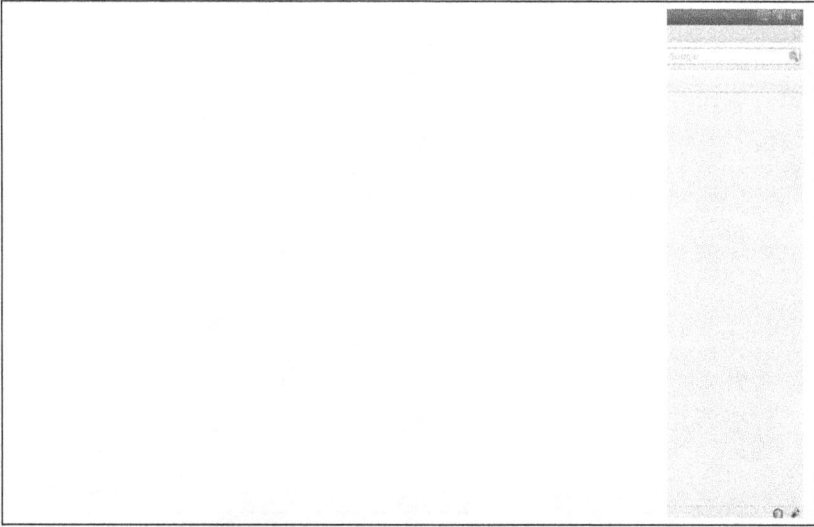

FigV.2 : Plateforme de simulation version 6-page d'accueil-

▪ Simulation du cas « information seine » :

Cette page permet d'envoyer une information au simulateur de la plateforme de sécurité et détection d'intrusion. Cette information se présente sous forme de fichier texte (.txt) contenant un ensemble de caractères alphanumériques.

Envoi d'une information :

FigV.3 : Plateforme de simulation version 6-formulaire d'envoi d'information-

Récupération du fichier (.txt) depuis son emplacement :

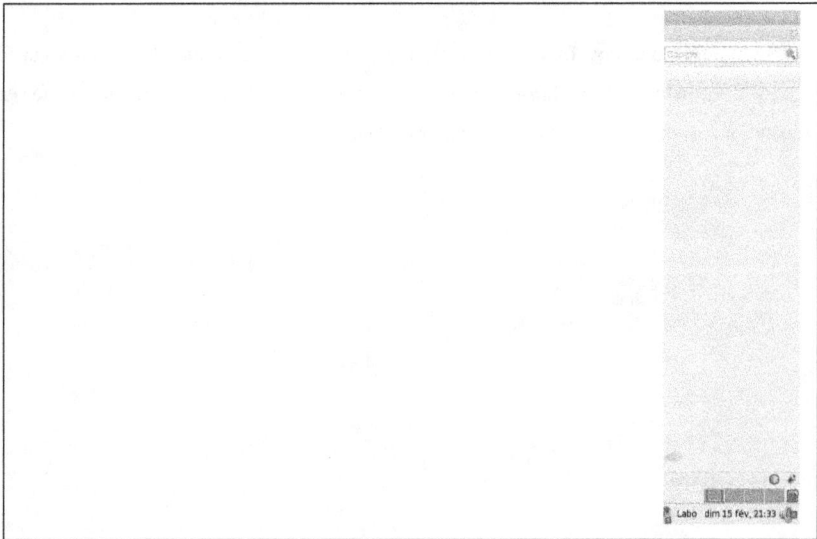

FigV.4 :Plateforme de simulation version 6-récupérer une information-

Affichage du contenu du fichier (.txt) envoyé:

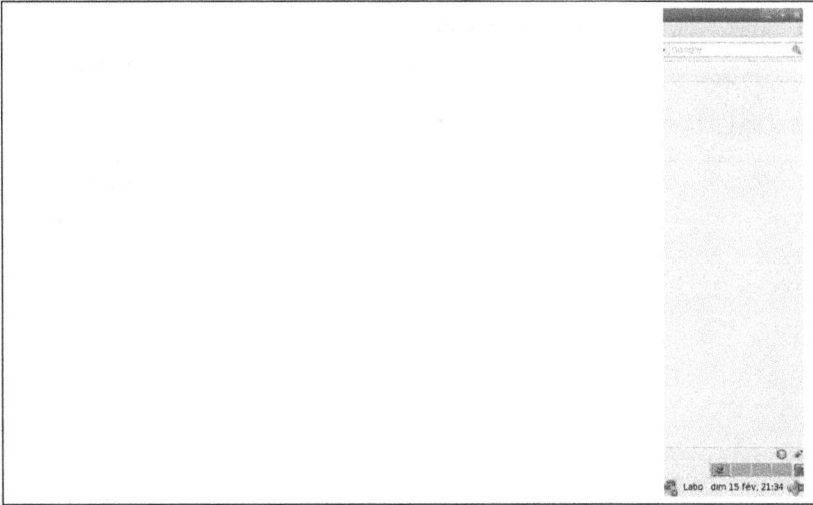

FigV.5 : Plateforme de simulation version 6-affichage du contenu-

En cliquant le bouton *« lancer »* le contenu du fichier sera envoyé à l'analyse et passera par les différents niveaux de sécurité de la plateforme.

Passage de l'information vers la cible:

Dans notre cas, le fichier envoyé est une information seine puisqu'il ne contient aucun caractère spécial. Il traversera les différents niveaux de la plateforme pour atteindre la cible.

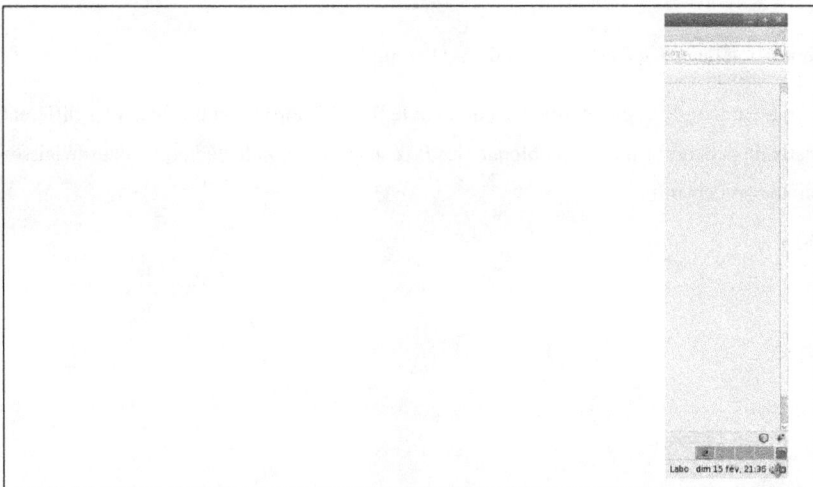

FigV.6 : Plateforme de simulation version 6-simulation du cas information seine-

▪ Simulation du cas « Intrus » :

En envoyant cette fois-ci un fichier (.txt) qui ne contient que des caractères spéciaux, la plateforme va le considérer un intrus fort et le bloquer au niveau du premier analyseur.

Blocage de l'intrus au niveau de l'analyseur 1

FigV.7 : Plateforme de simulation version 6-simulation du cas intrus fort-

▪ Simulation du cas « Gestion du trafic par l'administrateur » :

L'administrateur de la plateforme peut agir sur le flux d'information traversant les différents niveaux de la plateforme. Il peut bloquer les flux suspect et / ou le débloquer pour le laisser continuer son chemin.

Blocage du trafic par l'administrateur :

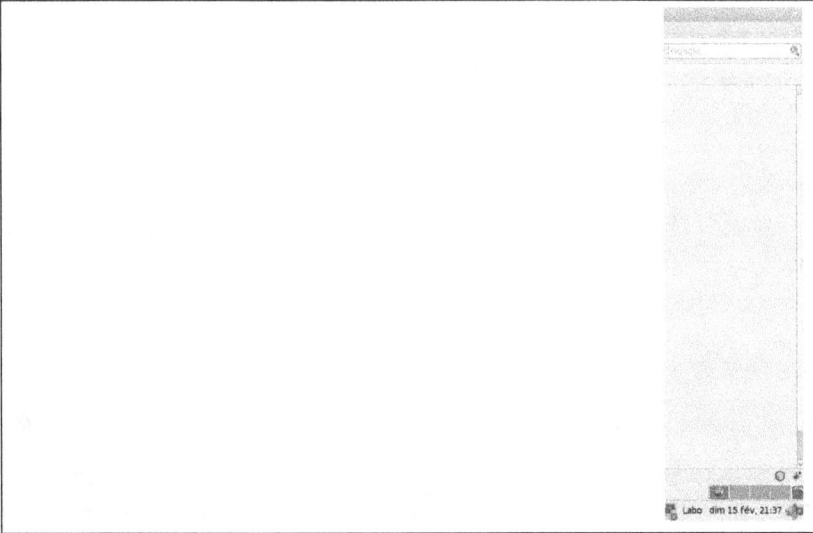

FigV.8 : *Plateforme de simulation version 6-blockage du trafic par l'administrateur-*

Déblocage du trafic par l'administrateur :

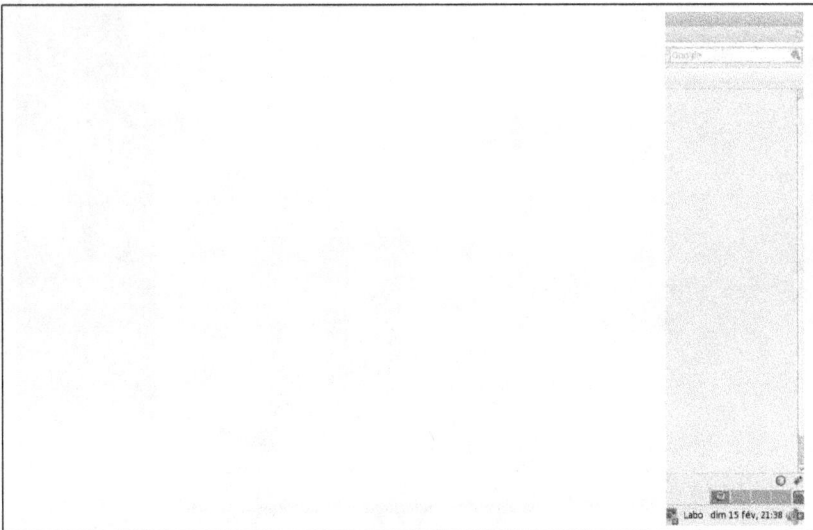

FigV.9 : *Plateforme de simulation version 6-déblockage du trafic par l'administrateur-*

V.III.4. Présentation de la plateforme de simulation réalisée version 4

Cette version du simulateur représente la quatrième version de l'architecture de sécurité et détection d'intrusion. Plusieurs versions ont été implantées, la plus récente des versions est la version huit. C'est une amélioration des versions antérieures. La version huit du simulateur permet le traitement d'analyser différents types de fichiers en plus des fichiers textes (image, exécutable…). Elle est caractérisée par l'intégration d'un « timer » qui permet de calculer la durée d'analyse. Elle se distingue aussi par l'intégration de nouvelles règles dans la base de connaissances. Cette version permet aussi de stocker les différents événements dans un fichier log.

- Description de la page d'accueil:

Cette page d'accueil du simulateur permet donner un aperçu sur le simulateur, l'architecture sur laquelle nous nous sommes basés ainsi que son principe de fonctionnement. La rubrique *« Aide »* de la page d'accueil contient le manuel d'utilisation de plateforme de simulation.

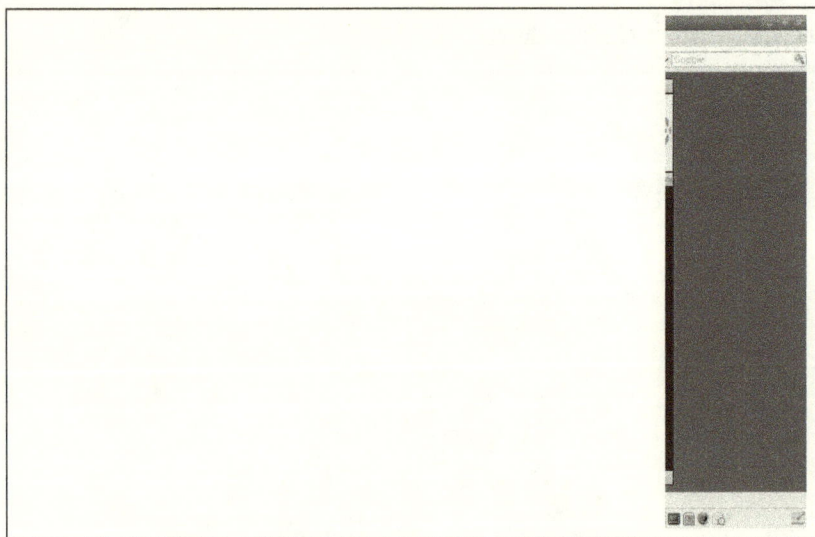

FigV.10 : Plateforme de simulation version 8-page d'accueil-

▪ Description de la page d'accueil du simulateur:

Cette page permet de récupérer une information sous forme de fichier et de l'envoyer au premier niveau de l'analyse.

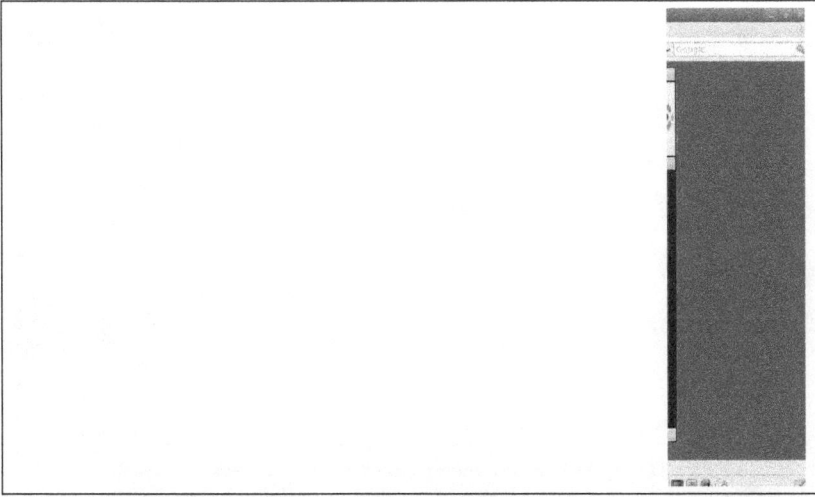

FigV.11 : Plateforme de simulation version 8-récupérer une information-

▪ Simulation du cas « intrus fort » :

Récupération de l'information depuis son emplacement :

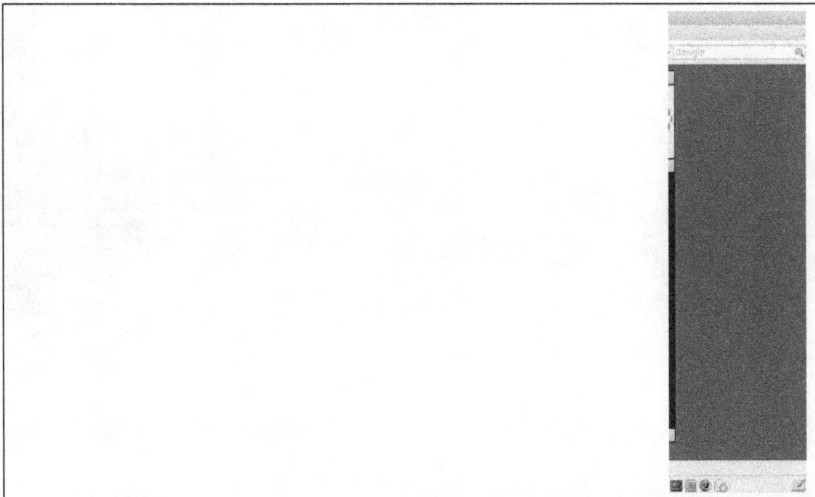

FigV.12 : Plateforme de simulation version 8-récupérer une information depuis son emplacement-

Affichage du contenu de l'information :

FigV.13 : Plateforme de simulation version 8-afficher le contenu d'un fichier -

En cliquant le bouton *« lancer »,* le flux sera envoyé au premier niveau d'analyse et devrait passer par les différents niveaux de plateforme pour atteindre la cible. Dans notre cas, le flux d'information envoyé est un intrus fort. Il sera bloqué par le deuxième niveau d'analyse.

Détection de la présence d'intrusion : blocage de l'information envoyée :

FigV.14 : Plateforme de simulation version 8-blockage de l'intrusion-

Affichage du résumé et la durée d'analyse :

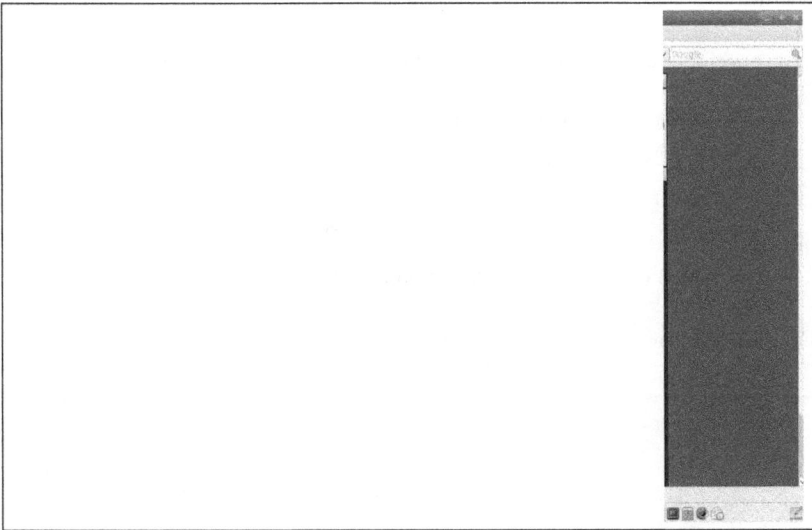

FigV.15 : Plateforme de simulation version 8-affichage du récapitulatif d'analyse -

V.IV. Réalisation de la plateforme de sécurité et détection d'intrusion

La modélisation en AUML de la plateforme et la réalisation de la plateforme de simulation ont été suivies de la mise en œuvre de la plateforme de sécurité et de détection d'intrusion qui tourne sur des machines en réseau.

La plateforme réalisée comprend plusieurs niveaux matériel et logiciel afin de garantir une meilleure protection du réseau.

Le premier niveau de la plateforme de sécurité et détection d'intrusion se compose deux modules (matériel et logiciel). Le premier module est un sniffer développé en Java. Il est permet de capturer à la volée les trames circulant les différents niveaux de la plateforme. Les informations sont analysées pour détecter l'existence d'intrusion. Le deuxième module est un microcontrôleur EZDSP qui effectue une analyse plus approfondie et un filtrage du flux.

Le deuxième niveau est une combinaison de deux modules le premier développé en C++ qui joue le rôle d'un firewall et le deuxième en Java qui effectue une analyse plus approfondie du flux le traversant selon les règles définies au préalable dans la base de connaissance. Cette plateforme a été testée sur un réseau local et un réseau internet.

Cette plateforme est basée sur une architecture matérielle composée de :

- ✓ 2 PCs représentant respectivement la source attaquante et la cible ;
- ✓ 3 PCs sur lesquels installé respectivement les composants logiciels de la plateforme ;
- ✓ 1 PC relié à au EZDSP ;
- ✓ HUB reliant les différents composants de l'architecture.

La figure V.16 ci-dessous illustre cette architecture :

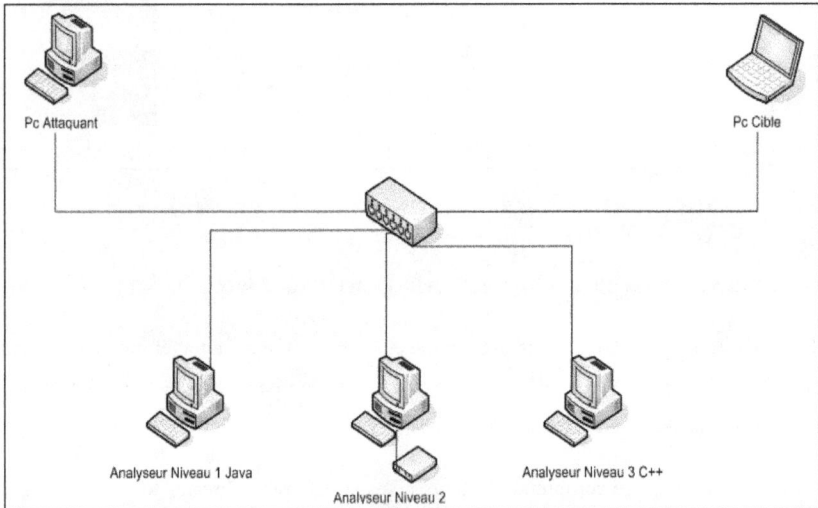

FigV.16 : *Architecture de la plateforme expérimentale*

Une information envoyée depuis un PC attaquant traversera les différents niveaux de la plateforme avant d'être reçue par le PC cible.

Dans un premier temps, l'information issue du PC attaquant passera l'analyseur niveau 1 dont le rôle est capturé les trames reçues. Les trames suspectes et présentant une intrusion seront bloquées par l'administrateur.

Dans un deuxième temps, les trames seines continueront leur chemin vers l'analyseur niveau 2. L'analyseur niveau 2 est le microcontrôleur eZdsp dont le rôle est le filtrage de l'intrusion.

Dans un troisième temps, les trames filtrées continueront leur chemin vers l'analyseur niveau 3 qui joue le rôle de firewall et qui peut être aussi joué le rôle de scanneur de ports.

Finalement, les trames seines seront transmises vers le PC cible.

V.IV.1. Présentation du premier niveau de la plateforme de sécurité et détection d'intrusion

V.IV.1.1. Sniffer

Sniffer est une application permettant de capturer à la volée les trames circulant l'architecture proposée. Les informations peuvent être analysées pour détecter l'existence d'intrus ou pas. Cette application permet de générer des statistiques numériques et linéaires, les champs relatifs aux trames. Ce module est développé en Java sous l'éditeur Eclipse.

- Description de la page d'accueil:

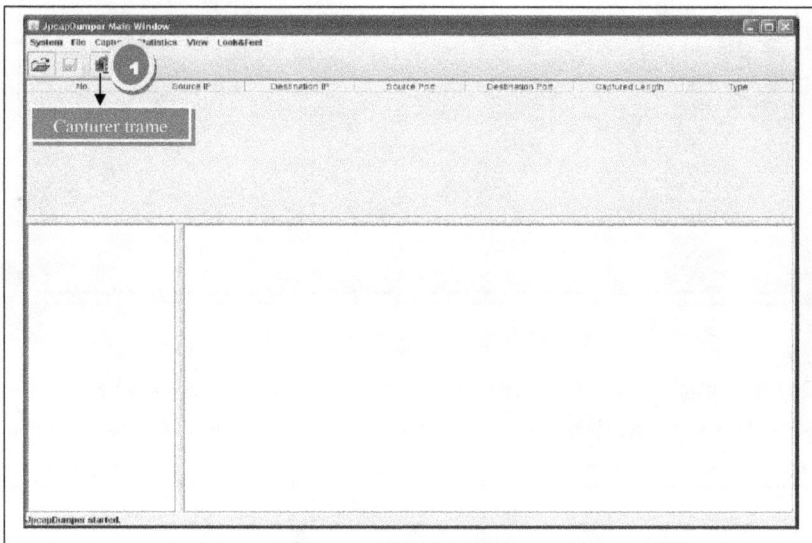

FigV.17 : Plateforme expérimentale –sniffer-

- *Capture d'une trame:*

L'interface de capture de trame se lance lorsqu'on active le bouton « OK », on doit choisir
alors la partie de la trame capturée et la règle à utiliser.

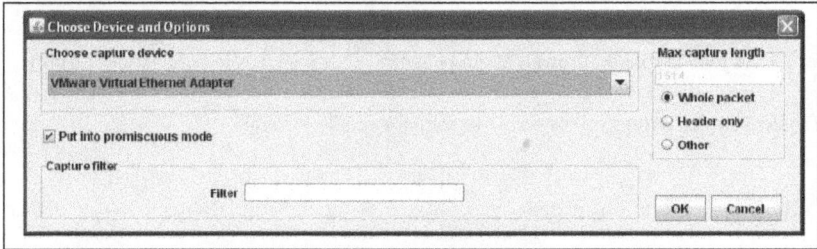

FigV.18 : Plateforme expérimentale –configuration du sniffer-

Quand on démarre l'application dans un réseau, voici l'interface qu'on obtient :

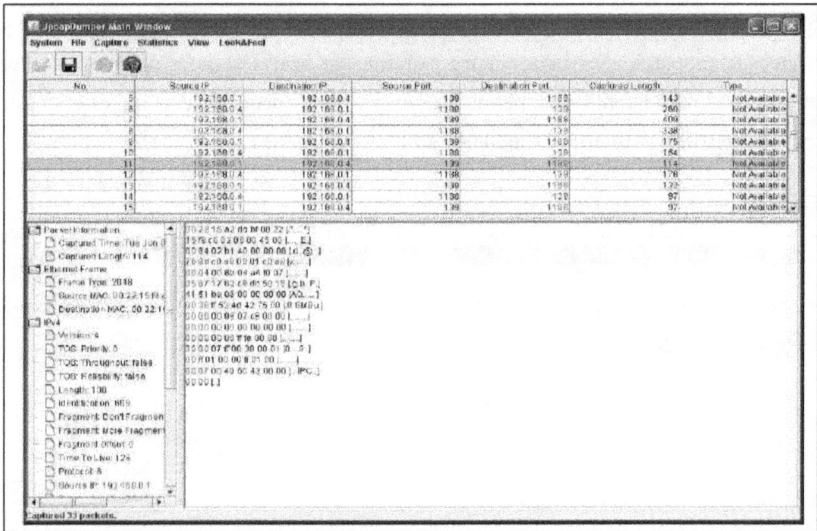

FigV. 19 : Plateforme expérimentale –l'écoute di trafic-

On peut trouver d'autres options de cette application comme des statistiques numériques et
linéaires, les champs relatives aux trames et que vous voulez visualiser et aussi vous pouvez
changer l'ergonomie de l'application et tout cela on utilisant les onglets de la barre d'outil :

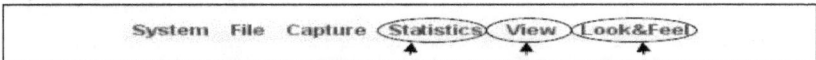

FigV.20 : Plateforme expérimentale –autres fonctionnalité du sniffer-

V.IV.1.2. Microcontrôleur eZDSP

V.IV.1.2.1. Présentation du Microcontrôleur eZdsp TMS320F2812

V.IV.1.2.1.1. Introduction au DSP

Un DSP (Digital Signal Processeur) soit processeur de signal numérique, est un type particulier de microprocesseur. Il se caractérise par le fait qu'il intègre un ensemble de fonctions spéciales. C'est un microprocesseur optimisé pour les calculs, avec une architecture permettant d'effectuer les calculs complexes en un coup d'horloge.

Son application principale est le traitement du signal numérique (filtrage, extraction de signaux, etc.), d'où son nom. Il se présente généralement sous la forme d'un microcontrôleur intégrant, selon les marques et les gammes des constructeurs :

- ✓ de la mémoire
- ✓ des timers
- ✓ des ports séries synchrones rapides
- ✓ des contrôleurs DMA
- ✓ des ports d'E/S divers

Les DSP sont utilisés dans la plupart des applications du traitement numérique du signal en temps réel. On les trouve dans les modems (modem RTC, modem ADSL), les téléphones mobiles, les appareils multimédia (lecteur MP3), les récepteurs GPS...

V.IV.1.2.1.2. Présentation de la carte eZdsp TMS320F2812

La carte eZdsp TMS320F2812 est une plateforme d'évaluation tout-en-un pour le DSP F2812 (Texas Instruments). Elle fournit aux développeurs un outil efficace pour faire des simulations, permettant de juger si le DSP F2812 est adéquat pour les besoins de leurs applications. La figure V.29 illustre les différents composants de la carte.

rocontrôleur
F2812

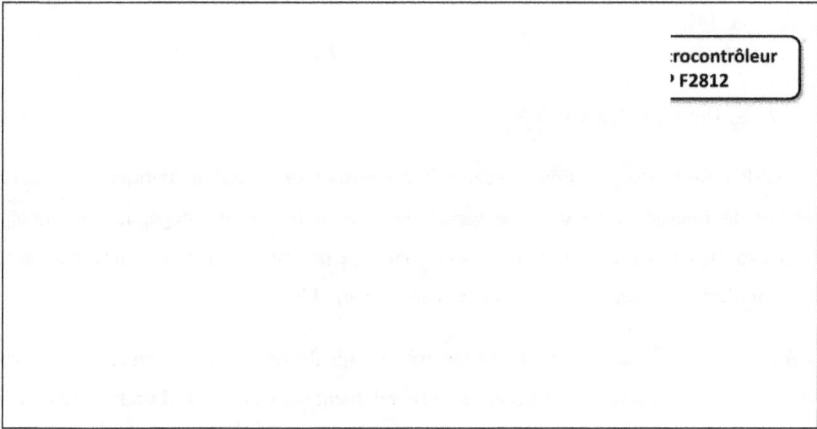

FigV.21 : Composants du eZdsp TMS320F2812

V.IV.1.2.1.3. Programmation : Code Composer studio

Afin d'éviter le développement fastidieux de programmes écrits en assembleur, les fabricants fournissent des bibliothèques de fonctions optimisées pour leur architecture de DSP. Le logiciel **Code Composer Studio** est un environnement de développement intégré qui permet de programmer les processeurs de signal numérique DSP de la famille texas instruments TMS 320.

FigV.22 : L'environnement Code Composer Studio

V.IV.1.2.2. Détection d'intrusion via eZdsp f2812 via RTDX

Après avoir récupéré le fichier généré par la partie logicielle de la plateforme expérimentale, le DSP effectue des traitements pour détecter la présence d'une intrusion ou pas.

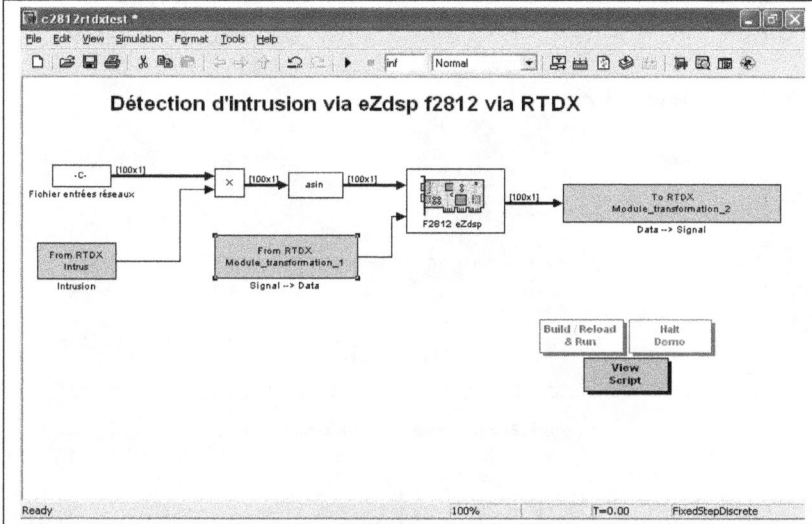

FigV. 23 : Détection d'intrusion via eZdsp(1)

- Un fichier C.txt : fichier entrée réseau
- Intrusion: From RTDX intrus ceux sont les variables système qui seront générés par le PC lors de l'intrusion
- Le module X: le PC lié à l'ezdsp

Le signal analogique généré après modification

- RTDX dans le simulink est le module essentiel pour gérer le Dsp est le RTDX, il est capable de détecter les variables systèmes du PC avec lequel le ezdsp est connecté. Il est aussi capable de faire la transformation (signal to data & data to signal).

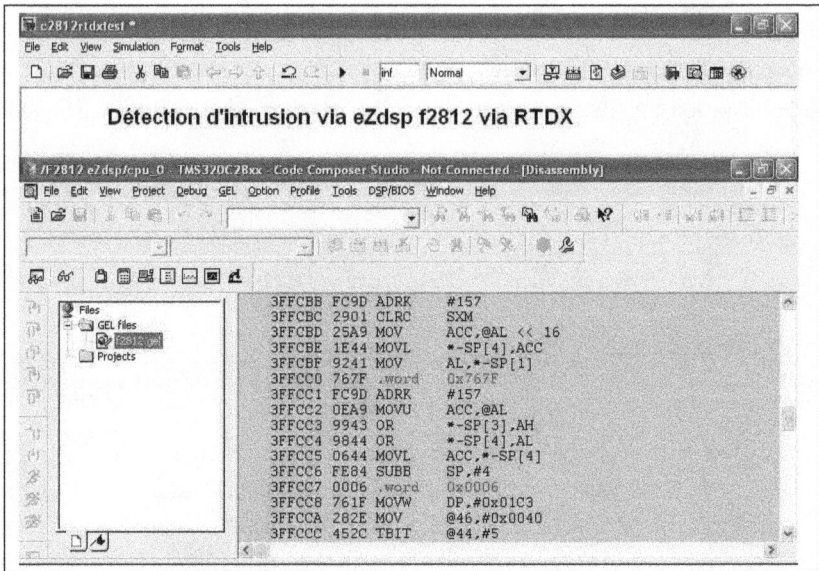

FigV.24 : *Détection d'intrusion via eZdsp(2)*

V.IV.1.2.3. Module DSP_FILTRAGE

Ce module de détection d'intrusions se situe au niveau du poste relié à l'ezdsp TMS320f812. Cette partie explique comment lancer le filtrage. Le traitement à ce niveau se fait via le filtrage d'un fichier envoyé depuis le poste cible, nommé par défaut «c.txt ».

Il est bien évidemment nécessaire de s'assurer que l'ezdsp TMS320f812 est connecté de manière adéquate, et reconnu de manière correcte par le système d'exploitation en question.

De ce fait, il faut installer les pilotes le concernant fournis dans le CD-ROM accompagnant la carte. L'installation complète des pilotes garantit son bon fonctionnement.

L'application principale concernant l'opération de filtrage à ce niveau se nomme « DSP_Filtrage.exe », le code source étant bien évidemment fourni.

Il est important de signaler que la dll « inpout32.dll » est nécessaire à l'établissement de la liaison entre le PC hôte et la carte. L'application ne fonctionnera pas si cette dll n'est pas présente dans le même dossier.

Dès lors que l'on est assuré que la carte est convenablement branchée, on lance l'application.

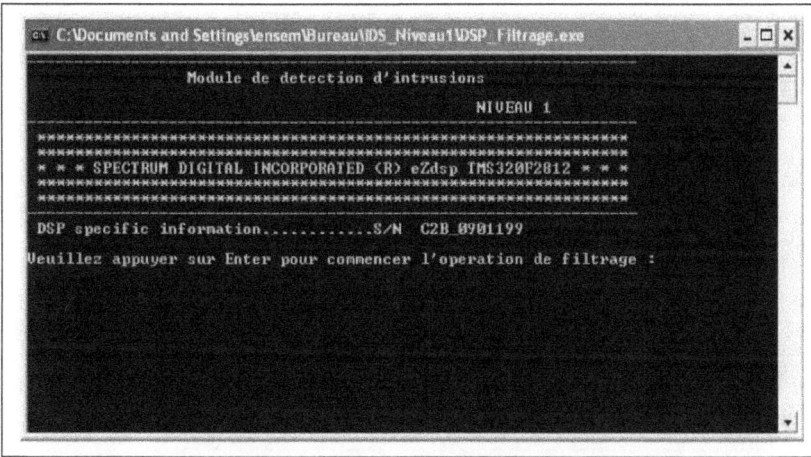

FigV.25 : Lancement de l'oprération du filtrage via eZdsp

On notera que quatre cas de figure peuvent se présenter lors de la connexion :

✓ **Premier cas :** Problème de connexion lié à une faille d'alimentation

FigV.26 : Détection de problème d'alimentation lié au eZdsp

Il s'agit là de vérifier si la carte est bien alimentée, il faut penser à voir si la LED verte de la carte est bien allumée, sinon de vérifier la prise ou les branchements liés.

✓ **Second cas** : Problème de connexion lié à un problème de liaison entre les deux interfaces.

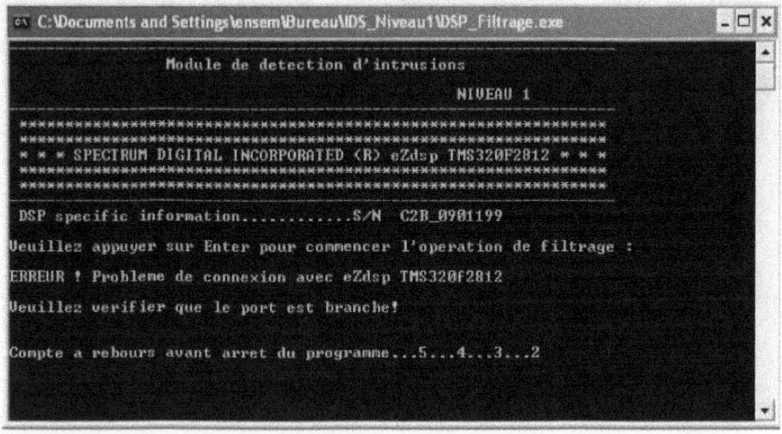

FigV.27 : Détection de problème de liaison lié au eZdsp

Cette anomalie concerne un problème de liaison entre le PC et la carte (alimentée ou non). Il faudrait vérifier que les ports parallèles sont rigoureusement branchés, ou que le câble n'est pas endommagé.

✓ **Troisième cas** : Problème de connexion lié à d'autres causes diverses

FigV.28 : Détection d'autes problèmes liés au eZdsp

Les cas concernés peuvent être : des ports défectueux, d'anormalités liées à des virus, de conflits avec le système d'exploitation, ou de pilotes, d'anomalies matérielles pouvant engendrer des contraintes pour la liaison.

✓ **Quatrième cas :** Fonctionnement normal de l'application

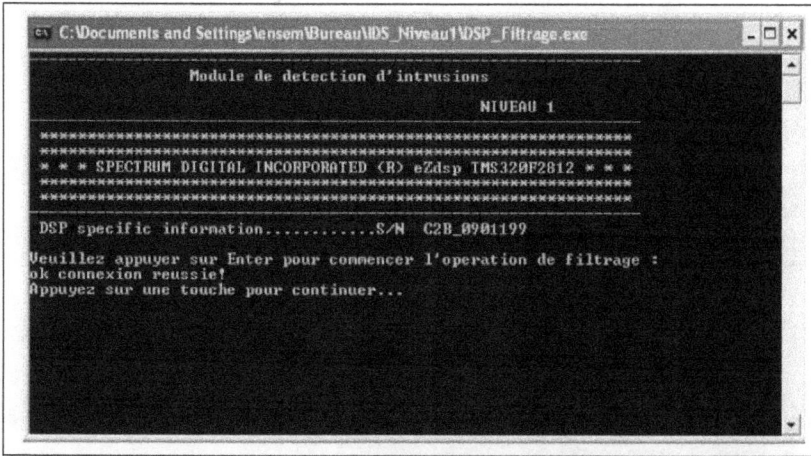

FigV.29 : Détection d'intrusion via eZdsp

Si toute la partie matérielle est bien configurée, l'application peut démarrer de manière normale, et le traitement peut commencer après confirmation.

Pour un fonctionnement optimal de l'application, il est nécessaire en addition de vérifier un certain nombre de spécificités.

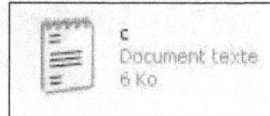

FigV.30 : L'entrée réseau

Le fichier « c.txt » doit bien avoir été envoyé, et présent dans la racine du disque dur « c:\ ».

Les paramètres de configuration doivent bien être définis, et doivent être également présents dans la racine « c:\ ». Ils doivent être nommés « regleX.ini », où X est le numéro de la règle.

FigV.31 : Les règles utilisées pour la détection d'intrusion via eZdsp

La dll « inpout32.dll » doit être présente dans le même dossier que celui de l'application.

Une fois l'application lancée, le traitement commence. Le processus est totalement automatisé et ne nécessite aucune intervention de l'utilisateur. Les premières règles traitées sont celles intégrées directement, s'en suivent alors les règles lues à partir de la base de données définie par les paramètres de configuration.

FigV.32 : *DDL pour le fonctionnement du sZdsp*

➢ *Exemple d'exécution :*

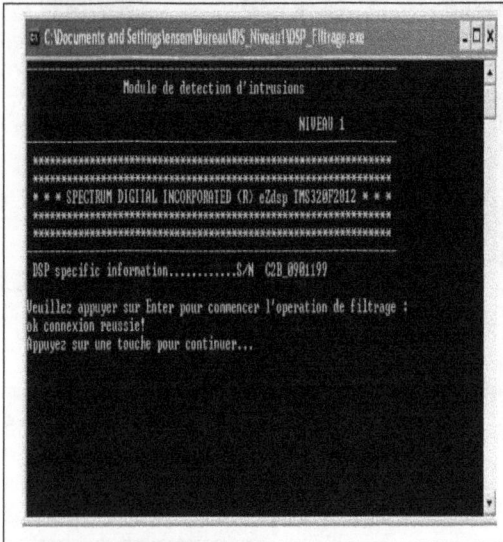

FigV.33 : *Exemple de détection d'intrusion via eZdsp*

Une fois l'application terminée, le fichier sorti final (« cout.txt ») est présent dans la racine et filtré, et un rapport est généré (« rapport.txt ») contenant toutes les intrusions détectées et leur nombre. Le fichier peut être ensuite envoyé au niveau suivant.

La figure V.42 montre Les fichiers sont générés

FigV.34 : *Fichiers générés*

V.IV.1.3. Transfert de fichier

Cette application a pour rôle d'assurer l'envoi et la réception d'information depuis et vers les différents niveaux de la plateforme. Elle est développée en Java sous l'éditeur Eclipse.

Lorsqu'on lance l'application, on obtient l'interface suivante :

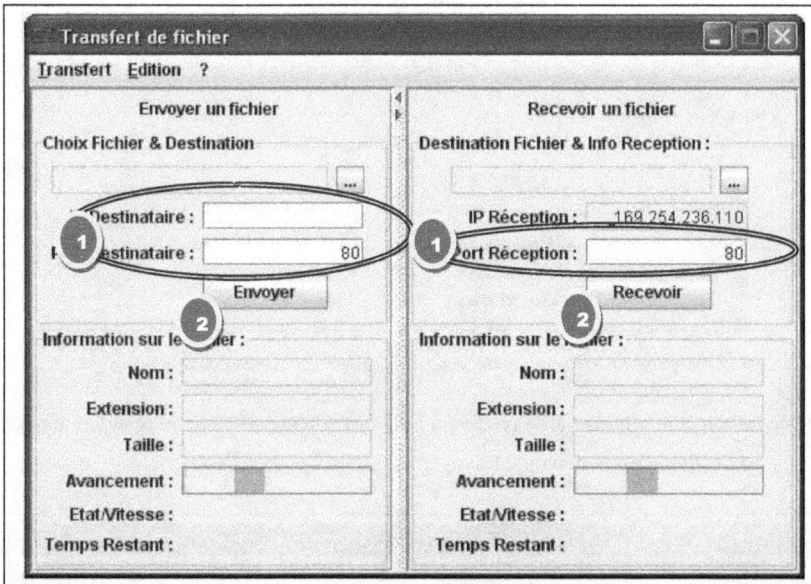

FigV.35 : Plateforme expérimentale –transfert de fichier-

Afin de recevoir ou envoyer un fichier, il faut installer ce module sur le PC en question et configurer les différents paramètres nécessaires pour la réception ou l'envoi d'un fichier. Pour la réception d'un fichier, on doit configurer le numéro de port de réception(1) ensuite on clique sur le bouton « Recevoir »(2).

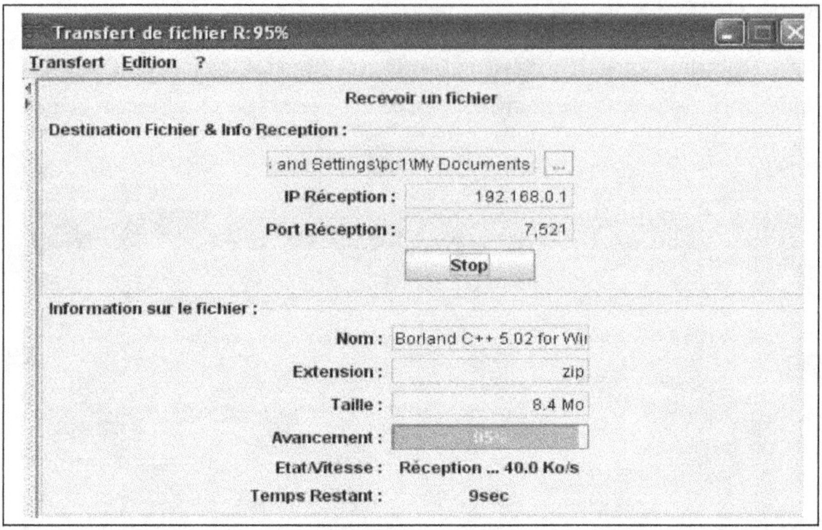

FigV.36 : *Plateforme expérimentale –formulaire de recéption de fichier-*

Pour l'envoi, on configure la partie relative à l'envoi l'adresse IP destination et le numéro de port(1), puis on clique sur le bouton « Envoyer »(2).

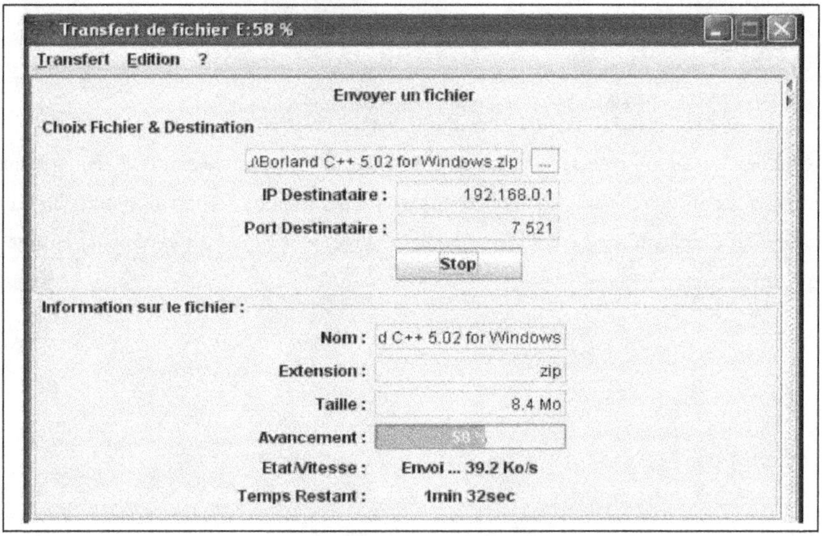

FigV.37 : *Plateforme expérimentale –formulaire d'envoi de fichier-*

V.IV.2. Présentation du deuxième niveau de la plateforme de sécurité et détection d'intrusion

V.IV.2.1. Firewall

Cette application permet le passage sélectif des flux de données entre ce niveau d'analyse et le reste de la plateforme et la neutralisation des tentatives d'intrusion en provenance du réseau public. Elle bloque et autorise les connexions et les transferts de données, de ou vers ce niveau d'analyse, afin de se protéger des intrusions. Il avertit les utilisateurs dès qu'une connexion non autorisée se produit ou dès qu'une tentative d'intrusion est décelée.

On lance notre application depuis le chemin : ...\fire\fire\Release

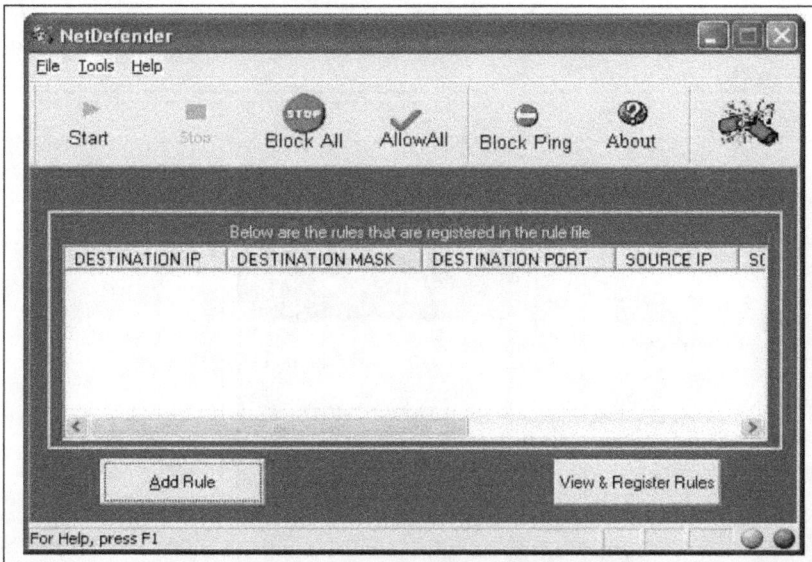

FigV.37 : Plateforme expérimentale - firewall-

On commence d'abord par ajouter une base de données d'intrus à qui on ne permettra pas la connexion. Ceci sera fait en appuyant sur le bouton « Add Rule » qui va nous afficher une page ou on pourra entrer ces informations :

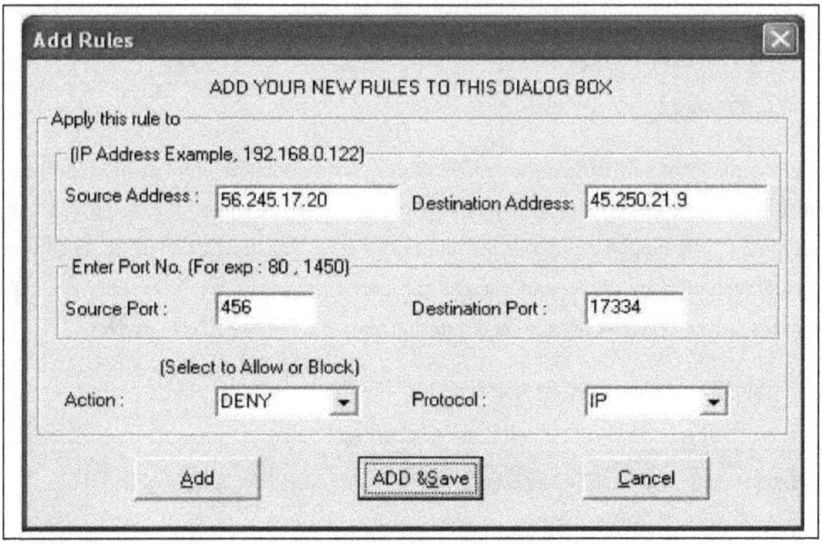

FigV.38 : Plateforme expérimentale –paramètrage du firewall-

Puis on clique sur « ADD &Save » :

FigV.39 : Plateforme expérimentale – paramètrage du firewall -

Ensuite sur « Cancel » ce qui nous permettra de revenir à la page de départ. Après, on clique sur le bouton « View & Register Rules » ce qui donnera un résultat comme celui là :

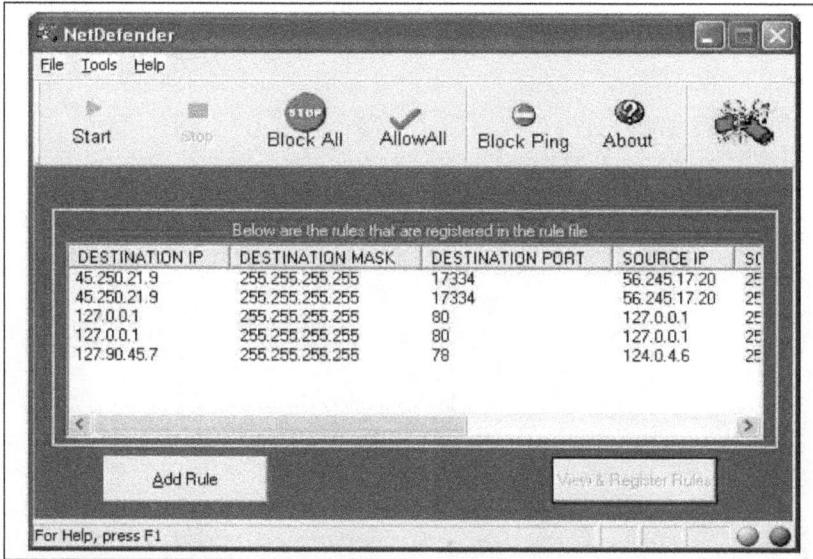

FigV.40 : *Plateforme expérimentale – liste des règles définies dans firewall -*

Enfin on lance notre application en appuyant sur le bouton « Start » :

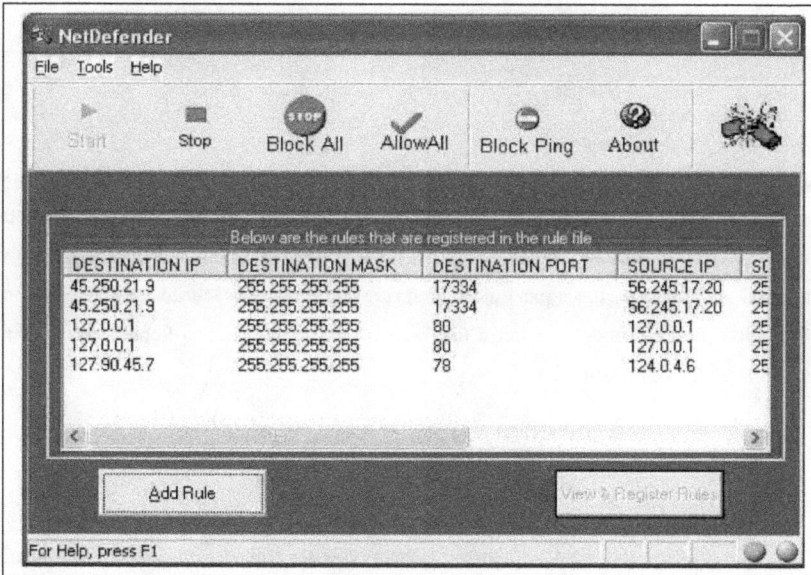

FigV.41 : *Plateforme expérimentale –firewall en mode fontionnement-*

On remarquera que cette application possède aussi d'autres caractéristiques comme le pouvoir de bloquer tous les flux arrivant sur une machine ou bien bloquer l'action de Ping. Elle peut aussi être utilisée comme scanneur de ports (vu qu'on a intégré ce module dans notre application) :

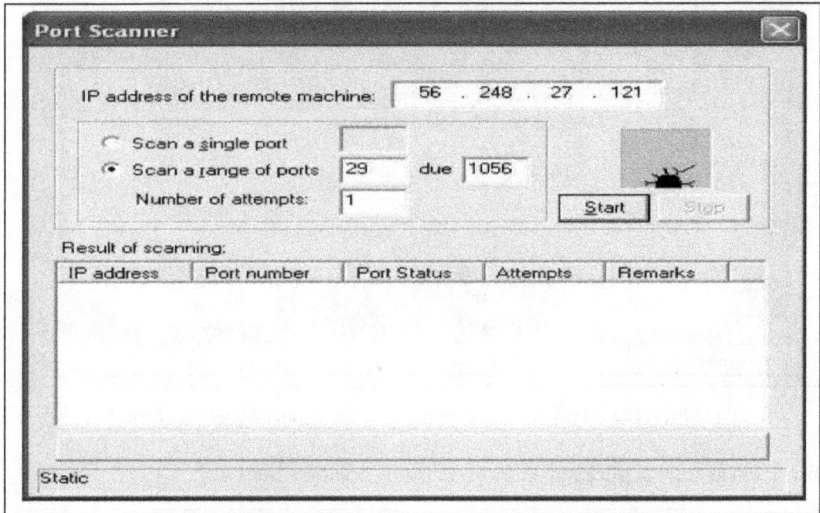

FigV.42 : Plateforme expérimentale –blockage du trafic-

V.IV.2.2. Module Java

Ce module développé en Java effectue une analyse plus approfondie du flux le traversant selon les règles définies au préalable dans la base de connaissance afin d'exécuter une action. Il est caractérisé par l'intégration d'un « timer » qui permet de calculer la durée de l'analyse. Ce module se caractérise aussi par l'ajout de nouvelles règles de sécurité. La récupération de l'information dans ce module se fait d'une manière automatique. Les fichiers analysés sont placés dans un dossier destination.

Ce module Java représente la version la plus récente de la plateforme de simulation.

▪ Description de la page d'accueil:

Cette page d'accueil du simulateur permet donner un aperçu sur le simulateur, l'architecture sur laquelle nous nous sommes basés ainsi que son principe de fonctionnement.

La rubrique « *Aide* » de la page d'accueil contient le manuel d'utilisation de plateforme de simulation.

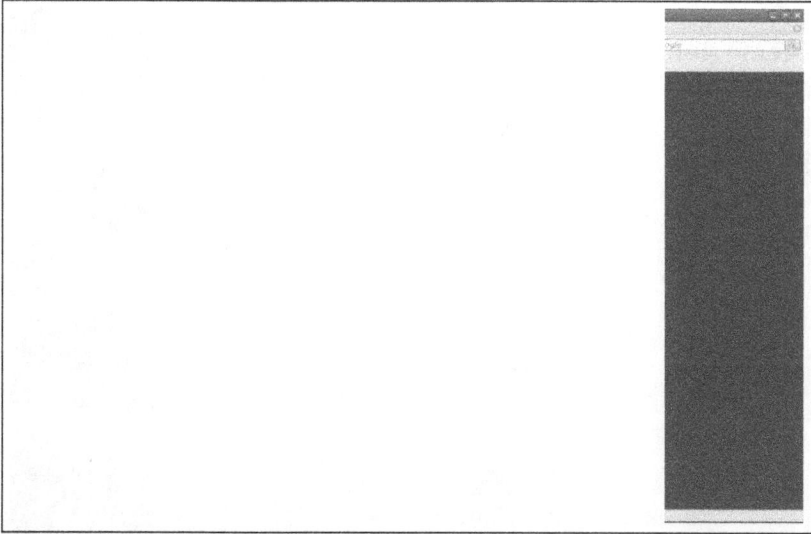

FigV.43 : Plateforme de simulation version 2-page d'accueil-

Pour simuler l'analyse d'une information: il suffit d'activer le bouton « Activer l'analyse ». Le simulateur va effectuer l'analyse de toutes les informations reçues de l'analyseur niveau 1.

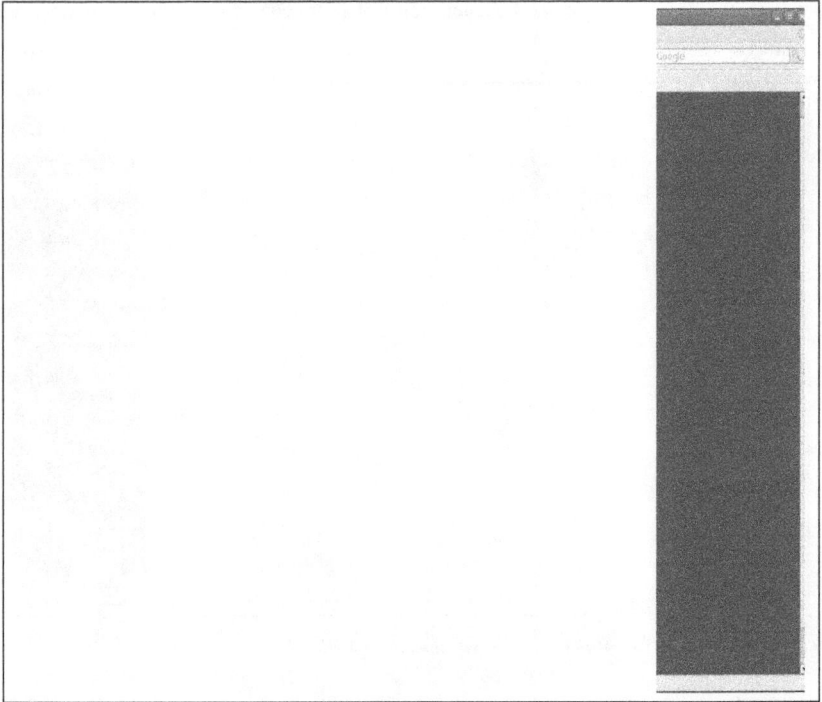

FigV.44 : Plateforme de simulation version 8-page d'accueil-

La simulation de l'analyse se fait en cliquant le bouton « Simulation » : dans le cas d'une intrusion il va réagir selon les règles et les procédures précédemment définies.

▪ Simulation du cas « intrus fort » :

Le flux envoyé au premier niveau d'analyse passe par les trois niveaux de plateforme pour atteindre la cible. Dans notre cas, le flux d'information envoyé est un intrus fort. Il est bloqué par le deuxième niveau d'analyse.

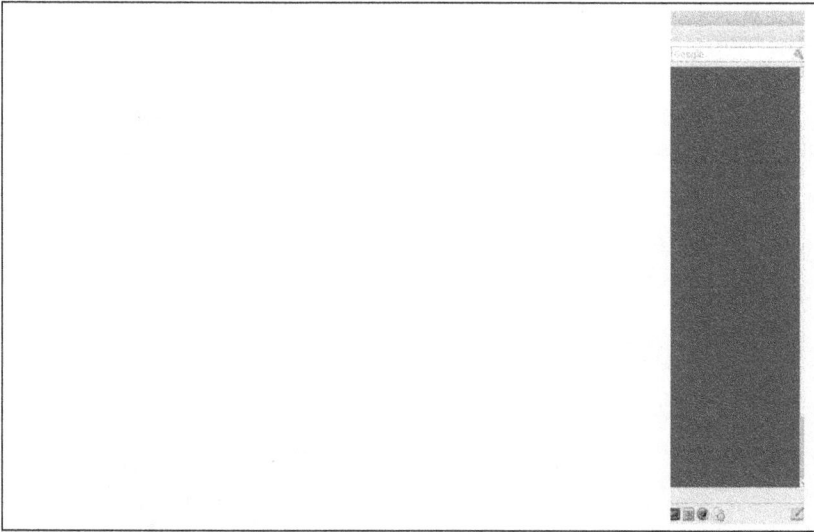

FigV.45 : Plateforme de simulation version 8-simulation du cas intrus fort-

Un fichier journal est consacré pour enregistrer les informations relatives aux intrusions détectées.

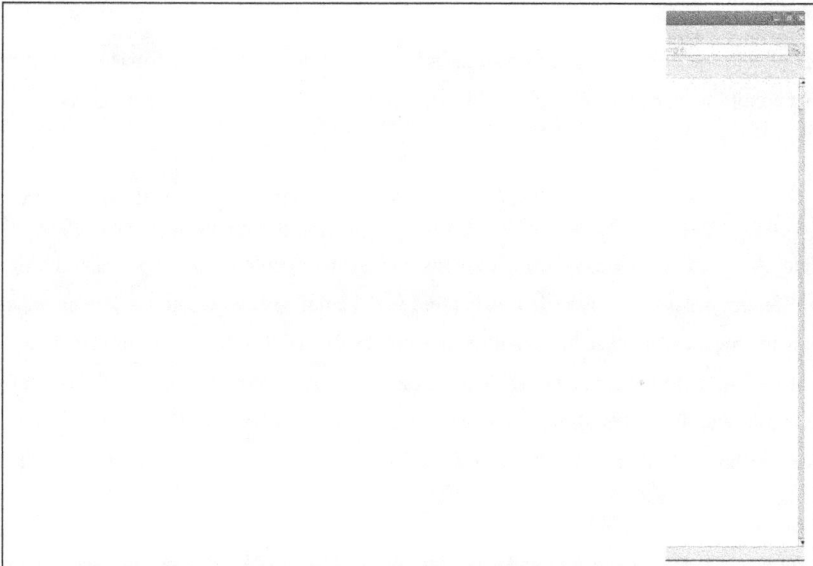

FigV.46 : Plateforme de simulation version 8-fichier journal-

Le résultat de l'analyse sera stocké dans le dossier « Destination »

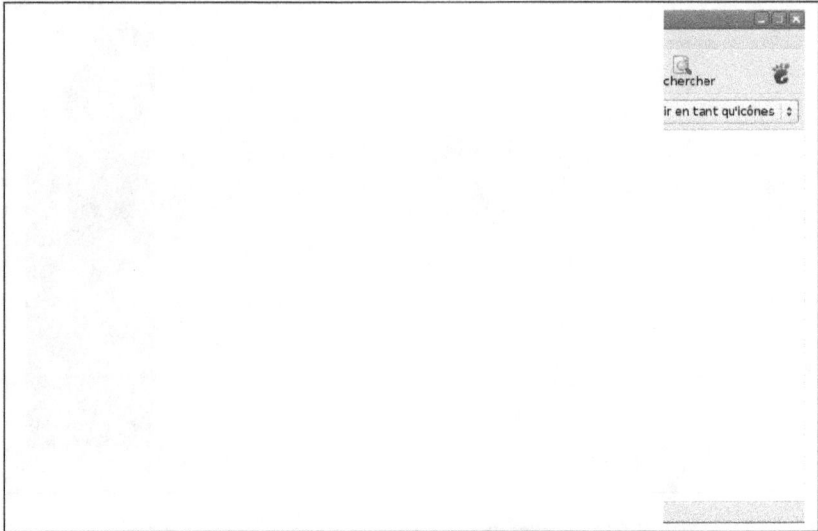

FigV.47 : *Plateforme de simulation version 8-dossier destination-*

V.V. Conclusion

La plateforme de détection d'intrusions est basée sur une approche distribuée qui utilise le système multi-agents pour bénéficier de l'autonomie et de l'intelligence de ces agents.

La plateforme de sécurité et détection d'intrusion comprends deux niveaux matériel et logiciel. Le premier niveau est une combinaison de matériel et logiciel. La première partie est un sniffer qui permet d'analyser le flux capturé et qui circule sur le réseau. La deuxième partie est un microcontrôleur eZDSP qui effectue un filtrage du flux le traversant. Le deuxième niveau de la plateforme est composé de deux modules. Le premier module développé en C++ joue le rôle d'un firewall tandis que le deuxième développé en Java et qui effectue une analyse plus approfondie du flux tout en se basant sur un ensemble de règles définies dans sa base de connaissance.

L'utilisation de niveaux apporte à la plateforme de sécurité de la performance et de la fiabilité. Les niveaux d'analyse utilisant des logiciels développé en Java/ C++ effectuent une première analyse. Les autres niveaux d'analyse basés sur le matériel assurent une analyse plus approfondie du flux analysé.

La plateforme expérimentale proposée a été testée et validée avec des cas réels. La force de notre solution proposée réside dans la modularité de la plateforme à travers deux niveaux matériel et logiciel et ce pour éviter les problèmes rencontrés dans des solutions purement soft causés par le système d'exploitation.

Conclusion et perspectives

Nous avons proposé une nouvelle plateforme de détection d'intrusion formé par une architecture distribuée basée sur le système multi-agents permettant d'une part, de réagir rapidement contre les attaques complexes et d'évaluer l'état du flux par rapport à des règles et procédures prédéfinies et d'autres part, de suivre l'évolution dynamiques des utilisateurs et des attaques en se servant des capacités cognitives et adaptatives des agents.

L'architecture du système de détection d'intrusions proposée est fondée sur un nouveau modèle de détection constitué de deux analyseurs indépendants utilisant une nouvelle approche fonctionnelle. Cette approche est basée sur l'intelligence des Système Multi-Agent (SMA) pour réagir contre les attaques complexes. L'efficacité de cette approche repose sur un analyseur matériel indépendant des systèmes d'exploitation (OS) pour analyser les informations. Aussi l'existence d'un deuxième analyseur qui pousse la recherche et renforce le degré de sécurité apportée à la cible surveillée à base des règles et des procédures de sécurité. Les agents intelligents, répartis sur deux analyseurs, coopèrent et communiquent pour détecter efficacement des attaques suivant des schémas d'attaques définis dans leur base de connaissances. Ainsi la capacité d'intervenir en temps réel pour bloquer, détruire, filtrer et exploiter l'information.

La conception de l'architecture distribuée temps réel de sécurité et de détection d'intrusion est basée sur une approche orientée agent. Nous avons présenté un modèle de conception en exploitant un nouvel outil de modélisation orienté agent : Agent UML. Le choix de cet outil est dû à ce qu'AUML est le plus des langages de modélisation graphique pour décrire les systèmes multi-agent. Ce modèle répond aux besoins des représentations de notre système de sécurité qui est distribué temps réel à base d'agents.

La modélisation en AUML de l'architecture a été suivie d'une mise en œuvre d'une application de simulation avec la distribution open source Linux et Java et qui permet d'illustrer le fonctionnement de la plateforme. Cette application simule l'échange d'information entre une source et une cible tout en traversant les différents niveaux de la plateforme de sécurité et détection d'intrusion. La plus récentes des versions de l'application de simulation permet de bloquer, détruire, afficher une alerte, journaliser les événements ou laisser le flux d'information continuer le chemin vers la cible surveillée selon les règles définies dans la base de connaissance.

Nous avons réalisé, par la suite, une première version de la plateforme de sécurité et détection d'intrusion. Cette plateforme a été concrétisée et validée par les tests réels. Cette plateforme comprend plusieurs niveaux (matériel et logiciel). Le premier niveau de la plateforme de sécurité et détection d'intrusion se compose deux modules. Il est une combinaison de matériel et logiciel. Le premier module est un sniffer développé en Java. Ce module permet de capturer à la volée les trames circulant les différents niveaux de la plateforme. Les informations sont analysées pour détecter l'existence d'intrusion ou pas. Le deuxième module est un microcontrôleur EZDSP qui effectue une analyse plus approfondie et un filtrage du flux. Le deuxième niveau est une combinaison de deux modules le premier développé en C++ qui joue le rôle d'un firewall et le deuxième en Java qui effectue une analyse plus approfondie du flux le traversant selon les règles définies au préalable dans la base de connaissance afin d'exécuter une action.

En perspective, nous continuons notre travail pour finaliser la plateforme expérimentale, en utilisant une version des DSP très avancés, la soumettre à des tests réels. Ensuite, mettre en place cette plateforme sur un réseau étendu, construire une base de règles et procédures intelligente et adaptative qui peuvent être mise à jour en se connectant à un serveur de mise à jour. La phase finale de ce travail est de distribuer fortement les deux analyseurs (fonctionnement de chaque analyseur d'une manière indépendante de l'autre). Enfin évoluer vers une plateforme de commercialisation.

Bibliographie

[1] **CSI/FBI**, « CSI/FBI Computer Crime and Security Survey 2005 », the survey report 2005.

[2] **Nathalie Dagorn**, « Détection et prévention d'intrusion : présentation et limites », article de recherche, (LORIA), Université de Nancy 1, 2005.

[3] Norme ISO 7498-2.

[4] **S. Fontaine**, « Attaque DOS (Deny Of Service) », 13 Novembre 2006

[5] **K. Müller**, « IDS – Systèmes de Détection d'Intrusions, Partie I », Mai 2003, http://www.linuxfocus.org/Français/May2003/article292.shtml.

[6] **K. Müller**, « IDS – Systèmes de Détection d'Intrusions, Partie II », Juillet 2003, http://www.linuxfocus.org/Français/July2003/article294.shtml

[7] **M. Rash, A. Orebaugh** & **G. Clark**, « Intrusion prevention & active response: Deploying network & host IPS », Edition SynGress, 2005.

[8] **E.Tombini, H. Debar**, « Method And System For Detecting Intrusions », (WO/2007/006999) 2007.

http://www.wipo.int/pctdb/ja/ia.jsp?ia=FR2006%2F050682&IA=FR2006050682&DISPLAY =DESC

[9] **A. Abou El Kalam**, « modèles et politiques de sécurité Pour les domaines de la santé et Des affaires sociales », 2003.

[10] **Magazine MISC n°3**, « IDS : la détection d'intrusions », Juillet 2002.

[11] **Charles P. Pfleeger, Shari Lawrence Pfleeger**, «Security in computing».

[12] **H. Debar, M. Dacier, A. Wespi**, « A Revised Taxonomy for Intrusion-Detection Systems », Annales des Télécommunications, 2000.

[13] **T. Escamilla**, « Intrusion Detection: Network Security beyond the Firewall ».

[14] **F. Cikala, R. Lataix, S. Marmeche,** « Les IDS/IPS. Intrusion Detection/Prevention Systems », Présentation, 2005.

[15] **S. StanifordChen**, « Common Intrusion detection framework », http://seclab.cs.ucdavis.edu/Projects.html

[16] Common Intrusion Detection Framework, http://gost.isi.edu/cidf/

[17] **S. Northcutt, J. Novak**, « Détection d'intrusion de réseau », Editions Vuibert, 3ème édition, Octobre 2004.

[18] **Cisco**, « Des réseaux capables de se défendre tous seuls ».

[19] **T. Evangelista**, « Les systèmes de détection d'intrusions informatiques », Edition Dunod.

[20] **M. Huin**, « Pattern matching et détection d'intrusion », Mémoire DEA Informatique, Loria, Université Henri Poincaré, Nancy1, 2001.

[21] **P. Biondi**, « Architecture expérimentale pour la détection d'intrusions dans un système informatique », Avril-Septembre 2001.

[22] **J. Saiz**, « IPS : pour une sécurité active », 22 Novembre 2004.

[23] **H. Schauer**, « La détection d'intrusion... », Présentation : extrait du cours sécurité TCP/IP du Cabinet HSC, Mars 2000.

[24] **R. State**, « Sécurité avancée des réseaux dynamiques » et « Sécurité des systèmes communicants », cours de Master2 Informatique, Université Henri Poincaré, Nancy1, Novembre 2005.

[25] **D. E. Denning**. « An intrusion-detection model », In IEEE Symposium on Security and Privacy », pages 118_133. IEEE Computer Society Press, Apr 1986.

[26] **P. Uppuluri, R. Sekar**, « Experiences with specification-based intrusion detection», In RAID '00: Proceedings of the 4th International Symposium on Recent Advances in Intrusion Detection, pages 172_189, London, UK, 2001. Springer-Verlag.

[27] **R. Bace, P. Mell,** « Intrusion detection systems », Rapport technique, National Institute of Standards and Technology (NIST).

[28] **J. Anderson,** « Computer security threat monitoring and surveillance », Rapport technique, James P. Anderson Company, Fort Washington, Pennsylvania.

[29] **J. P. Anderson,** « Computer security technology planning study», Technical Report ESD-TR-73-51, Air Force Electronic Systems Division, Bedford, MA.

[30] **J. Briffaut, P. Clement, M. Gad El Rab, C. Toinard, M. Blanc,** « A multi-agent and multi-level architecture to secure distributed systems ». In Proceedings of the First International Workshop on Privacy and Security in Agent-based Collaborative Environments (PSACE 2006), Hakodate, Japan.

[31] http://www.arkoon.net,
   http://www.cisco.com,
   http://www.ca.com,
   http://www.iss.net,
   http://www.juniper.net,
   http://www.symantec.com.

[32] http://www.prelude-ids.org,
   http://www.snort.org/.

[33] www.snortsam.net

[34] **N.M. Avouris, L. Gasser,** « Distributed Artificial Intelligence: Theory and Praxis», Eurocourses - Computer and Information Science, Kluwer, pages 81-107, 1992.

[35] **A. Bond, L. Gasser,** « Readings in distributed artificial intelligence ». Morgan Kaufman, San Mateo, CA (1988).

[36] **M. N. Huhns** « Distributed Artificial Intelligence». Pitman Publishing-Morgan Kaufmann, 1987.

[37] **J. Ferber, M. Ghallab,** « Problématiques des univers mutli-agents intelligents». Acte des Journées Nationales PRC-GRECO Intelligence Artificielle, p. 295-320, Toulouse, mars 1988.

[38] **C. Daum-Lobko,** « Systèmes multi-agents réactifs et résolution de problèmes », DEA de Robotique à l'Université de Pierre et Marie Curie (Paris VI), juin 1997.
http://daumlobko.free.fr/DEA/index.html

[39]   **R. Mandiau, E. Grislin-le strugeon**, « Systèmes multiagents », Laboratoire d'Automatique et de Mécanique Industrielles et Humaines (LAMIH) – UMR CNRS 8530 Université de Valenciennes et du Hainaut-Cambrésis. © Techniques de l'Ingénieur, Dossier n°: S7216, Date de parution : 03/2002. Bases documentaires : Informatique Industrielle, Vol papier n° : S1.

[40] **J.-P. Briot, Y. Demazeau**, « Principes et architecture des systèmes multi-agents », Traité IC2, Informatique et systèmes d'information, Ed. Hermès, 2001.

[41] **J. Ferber**, « Les systèmes multi-agents, vers une intelligence collective », InterEditions, 1995.

[42] **M. Wooldridge, P.Ciancarini**, « Agent-Oriented Software Engineering ». Springer-Verlag Lecture Notes in AI, Volume 1957, 2001.

[43] **N. R. Jennings, M. Wooldridge, K. Sycara**, « A roadmap of agent research and development ». In Journal of Autonomous Agents and Multi-Agent Systems, 1(1): pages 7-38, 1998.

[44] **E. Bonabeau, G. Theraulaz**, « Intelligence Collective ». Edition Hermès, 1994.

[45] **R. Dieng**, « Relations Linking Cooperating Agents ». In Proceedings of the 2nd European Workshop MAAMAW'90, p. 185-202, Saint-Quentin en Yvelines France, August 1990.

[46] **Y. Demazeau, J.-P. Muller**, « Decentralized Artificial Intelligence », Elsevier Science Publishers B.V. (North Holland) 1990.

[47] **S. Labidi, W. Lejouad**, « De l'Intelligence Artificielle Distribuée aux Systèmes Multi-Agents », INRIA Sophia Antipolis. Rapport de recherche N° 2004, Aout 1993.

[48] **K. Khoualdi**, « Filtrage d'alarmes pour un système automatisé par une approche multiagents », Thèse de l'Université Paris VI. LAFORIA TH94/07, 18 Novembre 1994.

[49] **J. R. Searle**, « Intentionality: An Essay in the philosophy of mind », Cambridge University Press, New York, 1983.

[50] **J. R. Searle,** « Intentions in Communication », chapter 19: Collective Intentions and Actions, pages 401{415. MIT press, London, 1990.

[51] **M. Minsky**, « The Society of Mind », Basic Books, 1986. (La société de l'esprit, Inter Editions, 1988, en français).

[52] **A. Newell**, « The Knowledge Level, Artificial Intelligence », pages 87-127, 1982.

[53] **R. A. Brooks,** « A Robot that Walks: Emergent Behaviors From a Carefully Evolved Network». In Proceedings of the IEEE International Conference on Robotics and Automation, pages 692-694, 1989.

[54] **J. Erceau, J. Ferber,** « L'intelligence artificielle distribuée », La Recherche, vol. 22: pages 750-758, juin 1991.

[55] **V.K. Mavromichalis, G. Vouros,** « ICAGENT: Balancing between Reactivity and Deliberation », In Workshop on Balancing Reactivity and Social Deliberation in Multi-Agent Systems at the 14th European Conference on Artificial Intelligence (ECAI), Berlin, Germany, Lecture Notes in AI, volume 2103, Springer, pp. 53-75,2000.

[56] Thèse de Doctorat intitulée : « Proposition d'un modèle d'agents hybrides basé sur la motivation naturelle » Présentée par Fenintsoa ANDRIAMASINORO pour obtenir le Grade de Docteur de l'Université de La Réunion. Spécialité : Informatique. Soutenue publiquement le 28 Août 2003. Institut de Recherche en Mathématiques et Informatique Appliquées Université de La Réunion.

[57] **H. Reichgelt**, « Different styles of agent architectures », Proceedings of the 1st belief representation and agent architectures workshop, Cambridge, Galliers J.R. (Ed.), p. 29-39 (mai 1990).

[58] **N.M. Avouris, L. Gasser,** « Distributed Artificial Intelligence: Theory and Praxis », Eurocourses - Computer and Information Science, Kluwer, pages 81-107, 1992.

[59] N. Jennings, M. Wooldridge, « Agent-Oriented Software Engineering ». In Handbook of Agent Technology (ed. J. Bradshaw) AAAI/MIT Press.

[60] **G. Weiss,** « Multiagent Systems. A Modern Approach to Distributed Artificial Intelligence», The MIT Press, Cambridge, Massachusetts, 1999.

[61] **J-P. Briot, Y. Demazeau,** « Principes et architecture des systèmes multi-agents ». Collection IC2, Hermes Science Publications, Briot et Demazeau (eds.), Paris, 2001.

[62] **F. Bourdon,** « http://www.iutc3.unicaen.fr/bourdf/cours/ », 2001.

[63] **Andrew S. Tanenbaum** , « Distributed Systems, Principles and paradigms ».

[64] **G. Coulouris, J. Dollimore, T. Kindberg**, « Distributed Systems », 2nd edition, 642 p., 1994, Addison-Wesley.

[65] **C.Bonn, I.Demeure,** « Introduction aux systèmes temps réel », Hermès – Lavoisier, 1999.

[66] **N. Navet**, « Introduction aux Systèmes Temps Réel », Septembre 2004.

[67] **I. Jacobson,** « Object-oriented Software Engineering, A Use Case Driven Approach », Editions Addison-Wesley, 1992.

[68] **I. Jacobson,** « Le Génie Logiciel Orienté Objet », Addison-Wesley, 1998.

[69] **Y. Shoham,** « Agent-oriented programming », Artificial Intelligence, 1993.

[70] **G. Booch, J. Rumbaugh, I. Jacobson,** « The Unified Modeling Language User Guide », Addison-Wesley, Reading, Massachusetts, USA, 1999.

[71] **B. Bauer, J. P. Muller, J. Odell,** « An extension of UML by protocols for multiagent interaction», International Conference on MultiAgent Systems (ICMAS'00), Boston, Massachussetts, july, 10-12 2000.

[72] **J. Odell, H. V. D. Parunak, B. Bauer,** « Extending UML for Agents », WAGNER G., LESPERANCE Y., YU E., Eds., Proceedings of the Agent-Oriented Information Systems Workshop at the 17th National conference on Artificial Intelligence, Austin, Texas, july, 30 2000, ICue Publishing.

[73] **N. R. Jennings, M. Wooldridge,** « Agent-Oriented Software Engineering », BRADSHAW J., Ed., Handbook in Agent Technology, MIT Press, 2000.

[74] **B. Bauer,** « Extending UML for the Specification of Interaction Protocols », The 6th Call for Proposal of FIPA and revised version part of FIPA 99, 1999.

[75] **Mihaela Dinsoreanu, Ioan Salomie, Kalman Pusztai,** « On the Design of Agent-Based Systems using UML and Extensions », Technical University of Cluj-Napoca Computer Science Department.

[76] **B.Chaib-draa, I.Jarras, B.Moulin.** « Systèmes multiagents: Principes généraux et applications », Article dans: J.P.Briot et Y.Demazeau. «Principes et architecture des systèmes multi-agents».Traité IC2, Informatique et systèmes d'information, Edition Hermès, 2001.

[77] **H. Medromi, D. Raoui, S. Benhadou,** « Conception et Réalisation d'une plateforme de sécurité : détection d'intrusion », 1er colloque national de Modélisation et Traitement de l'Information « CoMTI'2009 », Tétouan, Morocco, Mai 29-30, 2009.

[78] **H. Medromi, D. Raoui, S. Benhadou, M. Saqalli,** « Nouvelle Plateforme Distribuée Temps Réel de Sécurité : Détection d'Intrusion », Les 1ères Journées Doctorales en Technologies de l'Information et de la Communication JDTIC'09, Rabat, Morocco, July 16-18, 2009.

[79] **Driss Raoui, Siham Benhadou, Hicham Medromi et Mostafa Radoui,** « Conception D'une Plateforme Distribuée Temps Réel De Sécurité : Détection D'intrusion », WorkShop sur les Technologies de l'Information et de la Communication « Wotic'09 », Agadir, Morocco, December 24-25, 2009.

[80] **S. Benhadou - D. Raoui - H. Medromi,** « Nouvelle Méthodologie Distribuée de Sécurité à Base de Système Multi-agents". JIBC : Journal of Internet Banking and Commerce, Vol. 14, No. 3, December , 2009.

[81] **S. Benhadou - D. Raoui - H. Medromi,** « Nouvelle Méthodologie Distribuée de Sécurité à Base de Système Multi-agents », International Conference on eCommerce, ePayment and Applications, Marrakech, Morocco, September 25-27, 2009.

[82] **H. Medromi, S. Benhadou, D. Raoui,** Brevet N°: 32471, « Plateforme distribuée Hard/Soft de Sécurité et de Détection ».

[83] **A. Lebbat, S. Benhadou, H.Medromi,** « Nouvelle Méthodologie Distribuée Open-Source pour les Produits de Télécommunications », WorkShop sur les Technologies de l'Information et de la Communication « Wotic'09 », Agadir, Morocco, December 24-25, 2009.

[84] **S. Benhadou - D. Raoui - H. Medromi,** « Nouvelle Méthodologie Distribuée Fonctionnelle de Sécurité : Détection d'Intrusion », WorkShop sur les Technologies de l'Information et de la Communication « Wotic'09 », Agadir, Morocco, December 24-25, 2009.

[85] **M. Saqalli, S. Benhadou, H. Medromi.** « Nouvelle Méthodologie Temps Réel Distribuée pour la Sécurité et la Détection d'Intrusion », WorkShop sur les Technologies de l'Information et de la Communication « Wotic'09 », Agadir, Morocco, December 24-25, 2009.

[86] **A. Lebbat, S. Benhadou, H.Medromi,** « Nouvelle méthodologie distribuée temps réel de réalisation d'architecture de télécommunication à base du noyau Linux », International Conference on eCommerce, ePayment and Applications, Marrakech, Morocco, 25-27 September, 2009.

[87] **A. Lebbat, S. Benhadou, H.Medromi,** « Nouvelle méthodologie distribuée temps réel de réalisation d'architecture de télécommunication à base du noyau Linux », JIBC : Journal of Internet Banking and Commerce, Vol. 14, No. 3, December , 2009.

[88] **A.Sayouti, H. Medromi, F. Qrichi Aniba, S. Benhadou and A. Echchahad.** « Modeling Autonomous Mobile System with an Agent Oriented Approach », IJCSNS International Journal of Computer Science and Network Security, VOL.9 No.9, September, 2009.

[89] **Jean-Philippe Babau,** « Object-Oriented Real-Time Modeling Contest by Daimler&Chrysler 2001», confidential works.

[90] **C. Kruegel, T. Toth, E. Kirda**, « Service Specific Anomaly Detection for Network Intrusion Detection », *17th ACM Symposium on Applied Computing (SAC)*, ACM Press, Madrid, Spain, March 2002, pp. 201-208.

[91] www.securityfocus.com
www.01net.com
www.linuxsecurity.com
www.linuxfocus.org
www.z0rglub.com/piratage/
www.secway.fr

[92] **Karen Kent Frederick**, « Elaboration d'une signature »: http://www.securityfocus.com/infocus/1524, http://www.securityfocus.com/infocus/1534, http://www.securityfocus.com/infocus/1544.

[93] **Jason Larsen, Jed Haile**, « Contournement de l'interruption de session » : http://www.securityfocus.com/infocus/1540.

[94] **Bruno Favre, Pierre-Alain Goupille**, « Guide pratique de sécurité informatique Mise en œuvre sous Windows et Linux », 254 pages, 1ère édition, octobre 2005 Editions DUNOD.

[95] **Bernard Foray**, « La fonction RSSI, Guide des pratiques et retours d'expérience », 268 pages, 1ère édition, janvier 2007 Editions Dunod.

[96] « IDS », **261 pages,** 1ère édition, février 2004 Editions Dunod.

[97] **E. Cariou**, « http://web.univ-pau.fr/~ecariou/cours/sd-l3.html », 2009.

www.ingramcontent.com/pod-product-compliance
Lightning Source LLC
Chambersburg PA
CBHW021103210326
41598CB00016B/1308